안녕하십니까, 학교입니다

이 도서의 국립중앙도서관 출판예정도서목록(CIP)은
서지정보유통지원시스템 홈페이지(http://seoji.nl.go.kr)와
국가자료공동목록시스템(http://www.nl.go.kr/kolisnet)에서 이용하실 수 있습니다.
(CIP제어번호: CIP2017024231)

교사와 학부모가 함께 읽고 나누는
특별한 가정통신문

함께교육1

안녕 하십니까, 학교 입니다

권재원 글

서유재

차례

1부 사춘기 학부모

2부 공부 생각 ────────

1부

사춘기
학부모

'옆집 교육학'을
아십니까

저는 강남구 대치동에 살고 있습니다. 그것도 소위 대한민국 학력 1위라는 D중학교를 품고 있는 아파트에 살고 있습니다. 덕분에 우리나라 교육 1번지(사실 저는 이 말을 인정하기 싫습니다)의 풍경을 살펴볼 기회가 많습니다. 지역과 나라마다 나름의 특징이 있고, 사람들을 지배하는 전반적인 정서가 있습니다. '우리나라 교육 1번지' 대치동 사람들의 가장 큰 특징은 초조함과 불안인 듯합니다.

대치동을 지배하는 정서가 초초함과 불안이라는 게 그리 신기한 일이 아닐지도 모르겠습니다. 아무래도 학원가이다 보니 사춘기 청소년들이 다른 지역에 비해 많고, 사춘기는 본래 초조함과 불안을 느끼는 시기니까요. 사춘기는 어린이가 어른이 되기 위해 거쳐야 하는 과도기이며, 어린 마음이 감당하기에는 너무 많은 신체와 마음의 변화가 일어나는 시기입니다. 그래서 사춘기는 불안할 수밖에 없습니다. 더 이상 어린아이가 아니라는 것은 이제 더 이상 어른의 보호 아래 있지 않다는 뜻이며, 저 미지의 세상을 향해 스스로의 힘으로 노를 저어 나가야 한다는 뜻이니까요.

가 보지 않은 길은 막상 가 보면 별것 아닐지라도 그 자체만으로 불안의 대상이 됩니다. 공포영화는 후반부에 가서야 공포의 대상이 되는 살인마나 괴물의 모습을 보여 줍니다. 그것이 무엇인지 확인한 다음에는 아무리 끔찍하고 잔혹한 것이라 할지라도 몰랐을 때보다는 훨씬 덜 두렵기 때문입니다. 아이들도 아직 경험하지 못한 어른의 세계가 점점 다가오면서 짧았던 어린 시절이 그림자가 되어 사라지고 있는 이 시기에 큰 불안을 느낍니다.

개들도 불안하면 큰소리로 짖고 사납게 행동하는 것처럼, 사춘기 청소년들의 말과 행동도 거칠어집니다. 그 불안감을 얼마간 잠재워 주려는 노력도 없이 무작정 나무란다면, 아이들의 불안은 더 깊어지고 말과 행동도 더 거칠어질 수 있습니다. 앞으로 살아갈 삶의 궤도에 확신을 가지고 있는 아이들은 대체로 사춘기를 차분하게 보내지만, 그게 분명하지 않은 아이들은 그 불안감을 난폭한 행동과 반항으로 드러내는 것입니다. 사춘기 아이들의 거친 언행과 반항은 어쩌면 아주 요란한 구조 신호일 수 있습니다.

그런데 이것만으로는 해명이 되지 않습니다. 제가 대치동에서 느긴 불안과 초조는 아이들이 아니라 어른들의 것이었으니까요. 아이들이야 그렇다 치고, 어른들은 왜 불안하고 초조할까요? 부모님 역시 갑자기 불어닥치는 큰 변화에 당황할 수 있고, 문득 열리는 미지의 세계에 엄청난 불안을 느끼기 때문입니다. 새로 직장을 옮길 때 불안하듯이, 그냥 부모에서 '학부모'가 될 때 불안한 것은 너무나 당연한 일입니다. 가 보지 않은 길이며, 둘째나 셋째 아이일 경우에는 이미 가 봤다 하더라도 아직은 충분히 경험하지 못한 길이니까요. 그래서 걱정이 꼬리를 물고 머리를 흔듭니다.

우리 아이가 학교에 가서 잘할까?

혹시 학습 부진아가 되는 건 아닐까?

이제 12년의 장기 레이스에 들어가는데, 과연 여기서 이길 수 있을까?

혹시 학교 폭력이나 왕따를 당하는 건 아닐까?

자식 맡긴 게 죄라고들 하는데, 학교에서 무리한 요구를 하면 어떻게 해야 할까?

이 학교 선생들이 정말 제대로 가르쳐 줄 수 있을까?

정말 사교육 없이 처지지 않고 따라갈 수 있을까? 사교육을 해야 한다면 누구한테 맡기는 게 좋을까?

고등학교 가서 공부하면 늦는다는데, 그럼 언제부터 시작하는 게 좋을까?

초등학교 때 고등학교 선행을 미리 하는 아이들도 있다는데, 우리 아이는 너무 늦은 게 아닐까?

이렇게 꼬리에 꼬리를 무는 불안을 극복하는 두 가지 방법이 있습니다. 하나는 편안한 길, 다른 하나는 어려운 길입니다. 편안한 길은 진위 여부를 떠나 일단 내 마음을 안정시킬 만한 분명한 답을 듣는 것입니다. 어려운 길은 공부하고 탐구하는 것입니다.

물론 사람들은 공부하고 탐구하기보다는 미리 만들어진 답을 듣고 싶어 합니다. 그래서 먼저 아이를 학교에 보낸 선배 학부모에게 물어보기도 하고, 이런저런 매체에 떠도는 이야기를 참고할 때도 있습니다. 이렇게 얻은 답 대부분은 철학적 정당화와 과학적 증명을 거친 것이 아니라 별다른 근거 없는, 속칭 '~카더라'입니다. 요즘은 각종 SNS에 자녀 교육을 다룬 온갖 '~카더라'가 떠돌아다닙니다. 이런 것을 '옆집 교육학'이라고 하겠습니다.

흔히 말하는 '돼지엄마'가 옆집 교육학의 달인입니다. 대치동에서는 이 '돼지엄마'를 중심으로 후배 학부모들이 그룹을 이루어 온갖 카더라를 전수받는 광경을 흔히 볼 수 있습니다. 꽤 많은 학부모가 이 그룹에 끼지 못하면 마치 낙오자가 된 듯한 좌절감을 느낍니다. 아이들만 경쟁하는 게 아니라 학부모도 경쟁하는 셈입니다.

사실은 아이의 학업 능력이 떨어져서 성취도가 저조한 경우에도 학부모가 경쟁에서 진 것처럼 느낍니다. 제대로 된 정보를 못 물어 다 주고, 용한 사교육 선생을 붙여 주지 못한 탓인 양 죄책감을 느끼기도 합니다. 하지만 저는 이 돼지엄마들을 중심으로 카더라 전달이 아닌, 본격적인 교육학·학습심리학·인지과학 스터디 같은 것이 결성되는 것을 본 적이 없습니다. 다들 쉬운 길만 찾습니다. 앞날을 모르기 때문에 불안에 시달리는 사람들이 점쟁이를 찾는 것, 혹은 암환자가 온갖 민간요법에 매달리는 것과 비슷한 심정이라고 할 수 있습니다. 이렇게 옆집 교육학이 만들어집니다.

그런데 알고 보면 이들이 매달리는 '옆집 교육학자' 역시 한두 명 정도의 자녀를 먼저 키워 봤을 뿐입니다. 그러니 이들의 성공담도 실패담도 단지 우연일 뿐, 그 자체를 어떤 법칙으로 생각할 수는 없습니다. 게다가 어차피 근거 없는 카더라입니다. 누구나 만들 수 있고, 너무 쉽고 그럴듯하게 말할 수 있습니다. 사방팔방에서 온갖 카더라가 난무하는데, 제대로 탐구하고 공부하지 않는 한 이들의 진위를 가려내기 어렵습니다.

결국 옆집 교육학을 열심히 따라 하면 할수록 서로 양립할 수 없는 이야기가 들리고, 오히려 알지 못했을 때보다 더 혼란스러워집니다. 알지 못하는 상황보다 더 나쁜, 많이 알지만 구별할 수 없는 상황이 된 겁니다. 이런 상황을 극복할 수 있는 유일한 방법은 제대로 아는 겁니다. 제대로 아는 것은 어떤 지식이나 정보를 습득하는 게 아니라 앎에 이르는 과정, 즉 공부와 탐구를 통해 아는 것입니다.

공부가 불안을 해소하는 특효약이라는 사례를 들어 보겠습니다. 2016년, 저는 거의 반년 동안 치과 치료를 받았습니다. 무려 치아 다섯 개를 발치하고, 인공 보철물로 교체하는 힘든 치료였습니다. 이 정도로만 이야기하면 대부분 제가 정말 엄청나게 고통스러운 시간을 보냈다고 생각해 위로의 말씀을 건네십니다. 실제로 치과 치료는 매우 고된 일이긴 합니다. 하지만 저는 다른 분들이 걱정하는 것보다 훨씬 편안하게 넘겼습니다. 참을성이 많거나 고통에 둔감해서가 아닙니다. 공부를 했기 때문입니다.

일단 치아에 큰 이상이 있다는 걸 확인한 후 부지런히 치의학 관련 자료와 서적, 심지어 저를 치료하는 의사의 석·박사 학위 논문까지 찾아서 읽었습니다. 또 제가 앓고 있는 치주질환의 정도와 치료법, 치료 과정, 예상 비용까지 모두 조사했습니다. 나중에는 파노라마 엑스선 사진을 보고 치아 상태를 판독할 수 있을 정도가 되었습니다. 이렇게 공부하고 나니 그다음부터 치료를 받는 과정이 한결 편안했습니다.

사실 사람들이 치과 치료를 두려워하는 이유는 두 가지입니다. 눈을 가린 채 입속에서 온갖 도구로 치료를 하는 것이 불쾌하고 불안하며, 상상을 초월하는 치료비가 나올 때가 많기 때문입니다. 하지만 저는 공부를 한 덕분에 치료를 받을 때마다 입속에서 어떤 일이 벌어지는지 알 수 있었습니다. 그러니 불편함이야 어쩔 수 없다고는 하지만, 현재 하고 있는 치료가 어디에 해당되며 어떤 이유로 필요한지 이해하기 때문에 한결 견디기 쉬웠습니다. 마찬가지로 임플란트가 몇 개, 브리지가 몇 개인데 소재는 지르코니아와 골드로 할 테니 통상 하나당 얼마씩 잡아서 합계가 얼마 정도 나오겠구나 추론하여 견적도 낼 수 있었습니다. 이렇게 미리 알고 있었기 때문에 치과 코디네이터가 아무렇지 않은 얼굴로 엄청난 치료비를 말해도 놀라지 않고 담담하게 받아들일 수 있게 되었습니다.

결국 세상의 모든 불안은 무섭거나 위험해서가 아니라 모르는 데에서 비롯됩니다. 애초에 우리 인생은 불안할 수밖에 없습니다. 근본적인 불안이 있기 때문입니다. 철학자 키에르케고르는 인간은 결국 죽음이라는 종점을 향해 달려가지만, 누구도 그 죽음이 무엇인지 알지 못하기 때문에 삶 자체가 불안의 연속이라고 했습니다. 만약 죽음이 무엇인지, 죽음 이후에 우리는 어떻게 되는지 명확하게 알고 있다면 훨씬 긴장감 없이 편안한 인생을 살 수 있을 겁니다. 물론 그런 삶이 재미있는 삶인지는 의문이지만 말입니다.

그렇다면 옆집 교육학이 아니라 무엇을 듣고 믿어야 할까요? 아주 가까운 곳에 진짜 교육학을 공부한 전문가들이 있습니다. 바로 아이들이 다니는 학교의 교사들입니다. 갓 부임한 신입 교사가 아닌 다음에야, 학교 교사들은 정식 교육학을 공부하고 해마다 수백 명씩 그것도 해당 연령의 학생들만 계속 교육한, 즉 이론과 노하우를 갖춘 전문가입니다. 그렇지만 많은 학부모가 정식 교육학보다 옆집 교육학에 매달립니다. 왜 그럴까요? 정식 교육학은 기본적으로 과학이며, 옆집 교육학은 대부분 유사과학이기 때문입니다.

유사과학과 과학의 차이는 말하는 내용에 있는 게 아니라 내용이 나오기까지의 과정에 있습니다. 과학은 단 한 줄의 명제를 진술하는 데 매우 고된 탐구와 증명의 과정을 거칩니다. 그래서 과학은 단언을 잘 하지 않습니다. 반면 유사과학은 탐구와 증명의 과정 대신 확실하고 그럴듯해 보이는 명제를 용감하게 진술합니다. 그래서 오히려 진짜 과학보다 더 훌륭해 보이기도 합니다.

예컨대 "우리 아이가 공부를 잘할 수 있을까요?"라고 물어본다면, 과학에 기반한 전문가는 충분한 자료가 모이고 직접 그 학생을 진단해 보기 전에는 쉽게 대답을 하지 않습니다. 그리고 충분한 자료가 모였을 때 전문가가 내리는 진단이 학부모가 원하는 대답이 아닌 경우가 많습니다. 반면 유사과학에 기반한 사이비 전문가라면 "이렇게 하면 틀림없이 공부를 잘할 수 있습니다"라고 시원한 대답을 내놓습니다. 지푸라기라도 잡고 싶은 심정의 불안한 학부모는 그 말에 귀가 솔깃할 수밖에 없습니다. 사춘기 청소년들이 별자리나 혈액형 성격론 등에 쉽게 빠져드는 것과 비슷합니다.

학부모가 된다는 것은 살아가면서 경험하는 두 번째 사춘기라고 할 수 있습니다. 사춘기를 짧은 기간에 큰 성장의 계기가 주어지고 그 때문에 혼란을 경험하는 시기로 정의한다면, 학부모가 되는 시기야말로 10대 이후 경험하게 될 가장 큰 사춘기입니다. 그러니 이 불안과 초조함을 일단 당연한 것으로 받아들여도 좋습니다. 그리고 우리가 10대 시절의 사춘기를 어떻게 통과했는지 되돌아볼 필요가 있습니다.

다양한 경험을 하고 폭넓게 공부한 분들은 폭발적인 성장의 시기로 삼았을 것이고, 경험과 공부의 폭이 좁았던 분들은 꽤 아픈 성장통을 겪었을 겁니다. 어른이 되어 마주치게 될 사춘기도 마찬가지입니다. 학부모가 된다는 것은 그냥 부모가 아니라 공부하는 학부모가 된다는 뜻입니다. 그 공부는 홀로 하는 게 아니라 자녀와 함께, 교사와 함께, 그리고 다른 학부모와 함께하는 것입니다. 그 공부는 반드시 책에 적혀 있는 것을 익히는 게 아니라 삶 속에서 함께 터득하는 것입니다. 단 섣부른 단언을 의심하면서 말이죠. 그럼으로써 학부모 시기를 자녀와 함께 부모도 크게 성장하는 시기로 삼을 수 있습니다. 불안과 초조 대신 설렘을 간직하고 학부모의 길을 걸어가시기를 기원합니다.

정말 공교육이
문제일까요?

"공교육이 문제다."

"학교가 문제다."

"지금 학교를 혁신하지 않으면 안 된다."

"더 이상 기회가 없다."

이런 말들이 낯설지 않습니다. 신문을 펼치면 거의 날마다 이런 말이 적힌 기사나 칼럼이 있을 정도입니다. 여러 국제 지표를 보면 우리나라는 교육이 우수한 나라에 속하고, 우리나라의 급속한 발전의 원동력으로도 교육, 특히 잘 짜여진 공교육 시스템을 꼽는 경우가 많습니다. 그런데도 막상 우리 안에는 공교육에 대한 불만이 이렇게나 많습니다.

그런데 가만히 들어보면 딱히 공교육 체계, 학교에 대한 불만만은 아닌 것 같습니다. 한국교육개발원에서 조사한 자료에 따르면 학부모들이 생각하는 시급한 교육 문제는 학생들의 '인성·도덕성 악화'와 '교육비 부담'이었기 때문입니다. 인성이야 그렇다 치고, 교육비 부담을 가장 시급한 문제로 손꼽은 것이 인상적입니다. 우리나라는 중학교까지 완전 무상교육이고, 고등학교도 특성화 고등학교는 사실상 무상교육이 이루어지는 나라입니다. 게다가 일반고는 물론이거니와 자사고, 특목고조차 가정 형편이 어려운 학생을 지원하는 체제가 잘 갖춰져 있습니다. 따라서 우리나라 공교육이 교육비 부담을 줄 가능성은 없습니다. 그러니 이 불만의 대상은 공교육이 아니라 결국 사교육비입니다.

우리나라 교육 문제를 논할 때 단골로 나오는 이슈가 '입시 문제'와 '사교육 문제'였으니 새삼스러울 것도 없습니다. 그런데 응답 결과를 자세히 살펴보면 학부모들이 문제라고 생각하는 것은 '사교육'이 아니라 '사교육비'입니다. 즉, 교육 문제가 아니라 경제 문제인 셈입니다.

언론이 사교육 문제의 심각함을 다룰 때도 사교육 기관에서 이루어지는 교육활동보다는 과중한 사교육비에 초점을 맞춥니다. 사교육비 부담 때문에 웬만한 중산층 가정도 살림이 빠듯하다느니, 사교육비 부담 때문에 어머니가 파출부로 나간다느니, 사교육비 때문에 노후 대비를 제대로 못하는 에듀푸어 세대가 늘어나고 있다느니 하는 따위의 내용으로 지면을 채웁니다.

이런 기사들의 내용을 더 깊게 살펴보면 기가 막힙니다. 우리나라 평균 가구소득(2019년 기준)은 세전 월 485만 원 내외인데(가구 합산 소득입니다), 가구도 아니고 한 사람이 월급 500만 원 정도 받으면서 자신이 중산층은커녕 중하층이라고 주장하는 원인이 바로 사교육비에 있기 때문입니다. 사실 가구소득 500만 원이면 주거비, 식비, 피복비를 제하면 문화생활비 약간이 남는 정도의 소득, 그야말로 딱 중간의 생활을 할 수 있는 소득입니다. 그런데 여기에 평균 월 27만 원의 사교육비 지출이 추가됩니다. 월 평균 가구저축률이 8퍼센트 내외인 상황에서 월 소득의 6퍼센트를 차지하는 사교육비 부담은 결코 만만하지 않습니다. 사교육비가 저축을 잠식할 수 있다는 뜻이니까요. 게다가 27만 원도 단지 평균에 불과합니다. 자녀가 2명이라면 60만 원이 넘을 것이고, 중학교 고등학교로 자녀의 학교 급이 올라갈수록 점점 더 많은 사교육비를 지출해야 합니다. 만약 고등학교 학부모만 대상으로 통계를 냈다면 월 100만 원이 넘는 사교육비를 지출하는 가구도 심심치 않게 나왔을 겁니다. 그리고 사교육비까지 포함해서 생활비를 계산한다면, 중산층은커녕 웬만한 중상층 가구도 부담을 느낄 정도가 됩니다.

대체 왜 이렇게 부담스러울 정도의 사교육비를 지출하는 걸까요? 더 좋은 교육을 받고 더 많은 것을 배우고 익히기 위해서라면, 국가가 교육을 제대로 제공하지 못한 것이니 책임을 져야 합니다. 하지만 그게 아니라는 것은 삼척동자도 압니다. 더 많은 배움이 아니라 대학 입시에서의 성공, 즉 경쟁에서의 승리가 목적이라는 건 우리나라 사람이라면 누구나 아는 사실 아닙니까?

대학만 보내면 사교육비는 털어낼 줄 알았겠지만, 그것도 아닙니다. 중고등학생들이 학원 다니는 것만 사회 문제처럼 보는 경향이 있어서 감춰져 있을 뿐, 대학생들도 엄청나게 학원에 다닙니다. 일단 취업 준비는 곧 취업 학원 등록에서부터 시작합니다. 공무원이 되고 싶으면 공무원시험 학원에 다녀야 하고, 기업에 취업하고 싶으면 각종 자기소개서나 면접 대비 컨설팅 등 개인과외를 받아야 합니다. 결코 만만치 않은 이 비용은 대학생이 되어도 스스로 마련하기가 쉽지 않습니다.

결국 초등학교 때부터 자녀를 학원에 보낸 부모는 거의 15년 이상 사교육비를 투입해야 한다는 결론이 나옵니다. 계산 방식에 따라 다르지만, 총비용은 대체로 자녀 한 명당 3~4억이라고 합니다. 만약 자녀가 둘 이상이라면 최소한 5억이 넘는 사교육비가 든다는 뜻인데, 이렇게 안 써도 되는 돈을 5억이나 쓰게 되니 당연히 부모의 노후 대비는 매우 취약해집니다. 이른바 에듀푸어 현상의 출발점입니다.

곳간에서 인심 난다고, 이렇게 곳간 사정이 나빠지자 인심도 험악해집니다. 그리고 험악한 인심이 공격 대상으로 삼는 게 공교육, 바로 학교입니다. 그래서 이런 논리가 나옵니다. '학교가 제대로 가르치지 못하니(당연히 대학교도 여기에 포함되어야 합니다) 부족한 공부를 채우려고 사교육에 의존하고, 결국 이렇게 곳간이 비었다.' 다시 말해 학교가 제대로 가르치기만 해도 안 써도 됐을 돈을 사교육비로 쓰게 만들었다는 뜻입니다. 자연스레 공교육의 질을 높여서 사교육비 부담을 줄이자는 주장이 나옵니다. 참여정부는 실제로 이 기묘한 주장을 정책으로 옮기면서 공교육을 붕괴시키고 말았습니다. 시장 논리를 끌고 들어왔기 때문입니다. 사교육은 실력이 뒤떨어지면 바로 퇴출되는 등 경쟁이 치열한데, 공교육은 철밥통이라 경쟁을 하지 않기 때문이라는 논리 말입니다.

그런데 저는 이 논리가 잘못되었다는 것을 알면서도 반박하기가 쉽지 않습니다. 제가 생각하기에도 학교에는 경쟁력 없는 교사가 꽤 있기 때문입니다. 그리고 매우 우수한 교사들이 학교에 들어와서 점점 경쟁력을 상실하는 과정을 많이 목격했습니다. 저 역시 우리나라 공교육에 불만이 없는 건 아닙니다.

문제는 현실적으로 실현 가능한 정도와 내가 바라는 정도 사이의 간극입니다. 공교육은 전 국민을 대상으로 하는 거대한 체계이며 엄청난 예산이 투입됩니다. 예컨대 초중고 교사만 30만 명이 넘습니다. 이 엄청난 숫자의 교사를 모두가 만족할 만큼 유능한 인재로 충원하는 일은 보통일이 아닙니다. 대부분의 나라에서 성공하지 못한 일인데, 현재 우리나라는 세계적으로 가장 성공한 나라입니다.

다만 학부모님들이 기억하시는 학교에는 정말 경쟁력 없는 교사가 많이 있었을 겁니다. 여기에는 역사적인 배경이 있습니다.

1970년대 우리나라는 급격한 팽창을 경험했습니다. 산업화, 특히 중공업 중심으로의 산업 개편에 따른 고등교육 수요의 급격한 팽창이었습니다. 봉제공장, 가발공장으로 대표되는 1960년대식 경공업과 달리 자동차, 정유, 제철 등 중화학공업은 고등교육을 이수한 대규모의 인력을 필요로 했습니다. 이 인력을 충원할 수 있는 곳이 바로 학교였습니다. 상대적으로 교육 수준이 높았던 교사들이 높은 보수를 바라고 새로 세워지는 대기업으로 옮겨 갔습니다. 또 대학 졸업반 학생들 역시 거의 교직을 선택하지 않았습니다. 더 좋은 조건으로 대기업 일자리가 계속 늘어나고 있었으니까요.

엎친 데 덮친 격으로 1950년대 중후반에 태어난 베이비붐 세대가 자라서 학교로 밀려오기 시작했습니다. 한 해가 멀다 하고 새 학교를 세웠지만, 학생수 증가 속도를 따라가지 못해 백 학급이 넘는 학교가 즐비했습니다. 당연히 해마다 엄청난 숫자의 교사가 더 필요했습니다. 있던 선생도 나가는 판에 말입니다. 그래서 그야말로 닥치는 대로 교사를 충원했습니다. 그러다 보니 1970년대에 처음 교직에 발을 디딘 교사들 중에는 전문성 따위는 기대도 할 수 없고,

단지 교실을 비워둘 수 없어서 채워 넣은 이가 적지 않았습니다.

지금 학부모 세대가 초중고등학교에 다녔던 시기가 대체로 1980~1990년대일 겁니다. 교사 인력풀이 가장 열악하던 시절에 학교로 온 40~50대 교사들이 학교를 좌지우지하고 있던 시절 말입니다. 그러니 학교에 대한 기억이 끔찍할 수밖에 없습니다. 가르쳐 줄 의지도 능력도 없는 교사들이 학생들을 통제하는 가장 효과적인 수단은 체벌밖에 없었을 것이고, 가르쳐 줄 수 있는 내용도 교과서 수준을 따라가기에도 벅찰 정도였을 테니 말입니다.

1980년대 전교조 운동의 원동력도 이런 어이없는 학교 현실에 직면한 젊은 교사—1980년대에 '정상적'(!)인 양성 과정을 거친—들의 당혹과 분노가 아닐까 생각합니다. 당시 젊은 교사들이 '빨갱이'로 매도당한 이유가 오늘날의 눈으로 보면 지극히 정상적인 것들, 예컨대 토의 토론 학습, 탐구학습 같은 수업을 한다거나, 촌지를 받지 않는다거나, 학생들에게 관심을 가지고 면담을 한다는 것이었기 때문입니다.

물론 1970년대에 입직하신 선생님들 중 훌륭한 분들도 많이 있었습니다. 하지만 어이없는 분들이 적지 않았고, 상호비판의 문화가 없는 우리나라 풍토상 훌륭한 분들은 개별적으로 훌륭한 교육을 하실 뿐 그 어이없는 분들을 제어하지 못했습니다. 더구나 그 어이없는 분들은 교육을 향한 소명감이 없었기 때문에 한시라도 빨리 학생을 가르치지 않아도 되는 자리, 그러니까 장학사, 교감, 교장으로 나가려고 노력했습니다. 그런 분들이 훌륭한 교사보다 교감, 교장으로 더 빨리, 더 많이 나가게 되면서 학교 자체가 어이없게 되었습니다. 그리고 그런 분들 중에서 교감, 교장이 되지 못한 분들은 자격지심이 가득했습니다. 자격지심이 때로는 공격성으로 발현된다는 것은 상식입니다. 당시 학생들에게 마구잡이로 폭력을 행사하는 분이 많았던 까닭도 그런 자격지심 때문이었을 겁니다.

그분들은 제가 처음 교단에 선 1990년대에도 건재했습니다. 그때는 대체로 50대를 전후한 연령대로 학교 내의 각종 요직을 독차지하고 있었습니다. 자기 소신이 없기 때문에 교장에게 무조건 복종하는 분이 많았고, 그래서 교장들은 훌륭한 분들보다 이 어이없는 분들을 부장교사 등에 임명하는 경우가 많았습니다.

그러나 1997년을 기점으로 어이없는 분들은 대거 교단을 떠났습니다. 교원 정년이 65세에서 62세로 단축되고, 2000년 이후부터 연금도 감액된다고 하자 1997~1999년 사이에 연차가 높은 교사 상당수가 명예퇴직했기 때문입니다. 경력 20년 이상이라야 명예퇴직이 가능하기 때문에 이 명퇴자들은 모두 1970년대 혹은 그 이전에 교사가 된 분들이었습니다. 대규모 명예퇴직으로 텅텅 빈 자리를 충원하기 위해 대대적인 교원 선발이 이루어졌습니다. 초등교사는 응시자가 부족한 사태가 발생하고, 중등교사는 한 해에 임용고

시를 두 번씩 실시할 정도로 많이 뽑았습니다. 당시는 이른바 IMF시대였기 때문에 대학을 졸업한 젊은이들이 얻을 수 있는 몇 안 되는 좋은 직장인 교사 자리를 얻기 위해 역량 있는 젊은이들이 대거 몰려들었습니다.

교무실 풍경이 단숨에 바뀌었습니다. 1999년 무렵 제가 재직하던 학교만 해도 50대 이상 교사 10여 명이 사라지고, 그 자리를 20대 교사들이 대신했으니 당연한 일이었습니다. 20대 교사들은 대부분 명문대학 출신으로 고입, 대입, 임용고시에 이르기까지 전쟁 같은 경쟁을 뚫고 들어온 인재였습니다.

이것도 벌써 20여 년 전 이야기입니다. 당시 교직의 체질을 바꾸기 시작했던 20대 교사들도 이제는 40대입니다. 전교조 운동 등으로 나름 새바람을 일으켰던 교사들이 이미 퇴직을 눈앞에 두고 있거나 퇴직했습니다. 즉, 지금 학교를 채우고 있는 교사들은 대부분 정상적인 양성과정을 거쳤으며, 우리나라의 최상층 엘리트 중에서 충원된 분들이라는 뜻입니다. 따라서 만약 오늘날 학교 교육에 문제가 있고 부족한 점이 많다면, 교사의 자질 문제가 아니라 그들을 활용하는 시스템의 문제일 겁니다.

사람은 성장기 기억에 지배당하는 경향이 강합니다. 그래서 성장기에 가장 강렬한 기억의 공장이었던 학교는 좀처럼 지워지지 않는 기억을 남깁니다. 그게 아름다운 추억이든, 끔찍한 악몽이든 말입니다. 지금 이 책을 읽는 학부모님들이 경험했던 학교, 특히 교사들은 아름다운 추억보다는 끔찍한 악몽으로 남았을 가능성이 더 큽니다. 저 역시 그 당시 교사들이 남긴 아름답지 못한 기억 보따리를 한 아름 가지고 있으며, 소중한 자산으로 삼고 있습니다. 반대로만 하면 좋은 교사가 될 수 있으니 말입니다. 하지만 그건 제가 다녔던 학교이지 지금 아이들이 다니는 학교가 아니고, 그때의 선생님들이지 지금의 선생님들이 아닙니다. 학교에 대해, 공교육에 대해 무엇인가 말하려면 우선 지금 학교에서 일어나고 있는 일을 직시해야 합니다. 전해 듣거나 넘겨짚지 말고 말입니다.

교사의 인재 풀뿐 아니라 학교 시설 면에서도 우리나라는 미국이나 여타 선진국에 뒤지지 않습니다. 조개탄 난로 찔끔찔끔 때던 시절의 학교가 아닙니다. 학교에서 조개탄 난로가 사라진 역사는 의외로 짧습니다. 온풍기가 들어온 게 1994~1995년의 일이니까요. 심지어 교실의 선풍기도 1990년대 들어서야 겨우 설치되었습니다. 그런데 선풍기가 설치되고 불과 10년 만에 모든 학교에 에어컨까지 설치되었습니다. 하지만 불과 20년 전만 해도 에어컨은커녕 선풍기조차 변변히 달려 있지 않은 교실이 대부분이었습니다.

학습 기자재도 많이 바뀌었습니다. 2000년대 초반만 해도 컴퓨터와 프로젝터가 설치된 교실은 학교에 한두 개 정도라 '시청각실'이라는 이름의 특별한 교실로 불렸습니다. 하지만 그로부터 5년 만에 모든 교실에 컴퓨터와 프로젝터가 설치되었고, 지금은 웬만한 학교에는 전자칠판까지 도입되어 교실에서 분필이 사라졌습니다. 그래서 '시청각실'이라는 교실은 이제 없습니다. 사실 미국에도 모든 교실에 프로젝터가 설치된 학교는 흔하지 않습니다.

이렇게 우리나라 학교는 시설도 교사도 빠르게 바뀌었습니다. 현재 거의 모든 지표에서 우리나라의 공교육은 세계 최고 수준입니다. 더구나 이 최고 수준의 공교육이 거의 무상으로 제공되고 있습니다. 물론 북유럽 같은 지역과 비교하면 부족하다고 느끼실 수도 있겠지만, 우리나라의 사회·경제 지표 대부분이 OECD 중하위권임을 생각하셔야 합니다. 반면 OECD 최상위권을 차지하는 지표는 대부분 교육지표입니다. 이건 절대 평가절하할 수 없는 사실입니다. 현재 공교육이 성에 안 찬다 할지라도 우리나라 수준에서는 오히려 감당할 수 있는 능력 이상의 교육을 제공하고 있다고 보아야 하기 때문입니다. 사실 국민들도 잘 알고 있습니다. 그래서 직업에 대한 사회적 신뢰 조사를 하면 항상 의료계 종사자와 공교육 종사자가 높은 신뢰를 받는 직업으로 나오고, 정치인·기자·종교인이 낮은 신뢰를 받는 직업으로 나옵니다.

그런데도 더 좋은 학교를 원한다면 도리 없이 그만큼의 부담을 더 져야 합니다. 즉, 세금을 더 내야 합니다. 흔히 핀란드, 덴마크 등 이른바 노르딕 국가의 학교를 부러워들 합니다. 하지만 이런 나라들은 우리로서는 상상하기 어려울 정도로 어마어마하게 높은 세금을 내야 합니다. 심지어 최저시급을 받는 아르바이트도 30퍼센트라는 세율을 적용받습니다. 이에 비하면 우리나라의 세금은 거의 없는 것이나 마찬가지입니다.

높은 세금을 내고 훌륭한 교육 혜택을 무상으로 받는 북유럽과 낮은 세금을 내면서 북유럽에 크게 뒤지지 않는 교육 혜택을 무상으로 받는 우리나라를 비교하면 어느 나라 공교육이 더 훌륭한지 바로 답이 나옵니다. 더구나 우리나라의 1인당 국민소득이 북유럽 국가의 절반에 불과하다는 점을 감안하면 더더욱 그렇습니다. 아무리 불만스러울지라도 우리나라의 공교육 시스템은 의료 시스템과 더불어 미국조차 부러워하는 수준입니다. 심지어 우리나라는 미국보다도 세금을 적게 내는 나라입니다. "공교육이 문제다", "학교가 문제다"라고 성토하기 전에 이런 부분들을 좀 살펴봐 주셨으면 합니다. 물론 이걸 핑계로 현실을 정당화하고 안주할 생각은 없습니다.

진짜 사교육을
해야 합니다

우리나라에는 자칭 교육 전문가가 참 많습니다. 너도나도 교육에 대해 한마디씩 합니다. 그리고 그 한마디에는 '과도한 사교육'을 향한 개탄 한 자락이 빠지지 않습니다. 사교육이 과도하여 공교육을 왜곡하고 있다 등등의 말 말입니다.

그런데 우리나라는 사교육 때문에 공교육이 정상적으로 운영되지 않았던 역사가 어제오늘 일이 아니라 수백 년 전까지 거슬러 올라가는 나라입니다. 이미 고려시대에도 학생들이 사학에 몰려들어서 관학의 운영이 어려웠고, 나라에서 '양현고'라는 장학기금을 마련하여 학생들을 끌어들였다는 기록이 있으니까요. 조선시대에도 공부깨나 한다는 학생들은 공립학교인 향교가 아니라 사립학교인 서원을 선호했습니다. 관학보다 사학을 선호한 이유도 그때나 지금이나 마찬가지였습니다. 당시 상당수의 서원이 과거에 대비한 맞춤 교육을 하는 경우가 많았으니까요.

그런데 저는 지금부터 학부모님들께 "부디 자녀에게 더 많은 사교육을 시켜 주십시오. 우리나라는 사교육이 너무 부족합니다"라는 말씀을 드리고자 합니다. 이미 1950년대에 '과외 망국론'이라는 말이 나돌았고, 지금은 웬만한 상가마다 학원이 두 개씩 들어서 있고, 100미터 간격으로 학원 광고가 붙어 있는 나라에서 사교육이 부족하다니? 학생들이 학원 숙제 하느라 잠을 못 자고 학교 수업시간에 꾸벅꾸벅 조는 나라, 학원 다니느라 시간 없으니 학교 교사들에게 숙제를 내지 말라는 공문과 지침이 내려오는 나라에서 사교육을 더 시키라니? 이게 무슨 엉뚱한 소리인가 혹시 반어법인가 하실 겁니다.

하지만 진심으로 말씀드리는 겁니다. 저는 만약 우리나라에 사교육 문제라는 게 있다면, 그건 사교육이 너무 많아서가 아니라 너무 부족하기 때문이라고 확신합니다. 왜 그런지 한번 따져 보겠습니다.

사교육이라고 하면 무엇을 떠올리십니까? 십중팔구 입시학원을 떠올리셨을 겁니다. 시험 문제를 연습시키는 학원도 있고, 논술학원도 있을 것이며, 각종 올림피아드 대비 학원도 있을 겁니다. 그런데 저는 이런 곳을 사교육 기관이라고 보지 않습니다. 그럼 공교육 기관이냐고 반문하시겠지만, 제 대답은 "그렇습니다"입니다. 저는 학원을 사교육 기관이 아니라 일종의 공교육 기관이라고 봅니다.

이 말을 선뜻 받아들일 분들은 그리 많지 않을 겁니다. 하지만 사교육의 의미가 무엇인지 따져 보면 시중의 학원 대부분을 결코 사교육 기관이라고 부를 수 없음에 동의하실 겁니다. 왜냐하면 사교육은 운영 주체가 국가나 지방자치가 아닌 교육을 말하는 것이 아니기 때문입니다. 만약 그렇다면 사립 초·중·고등학교 역시 사교육이라고 불러야 하지 않겠습니까? 엄연히 국가나 지방자치단체가 아니라 민간이 설립하고 운영하는 교육기관이니 말입니다. 하지만 사립학교를 사교육 기관이라고 부르는 사람은 없습니다. 사립학교는 엄연한 공교육 기관입니다. 그렇다면 혹시 사립학교는 영리를 목적으로 하지 않고 공공의 이익을 위해 설립된 기관이라 공교육이라고 부르는 걸까요?

아닙니다. 똑같이 민간이 설립해 운영하며, 영리를 목적으로 하지 않는 학교이지만 공교육 기관으로 분류되지 않는 학교가 있기 때문입니다. 바로 대안학교입니다. 대안학교 역시 사립학교와 마찬가지로 민간이 설립해 운영하는 학교이며, 영리를 목적으로 하지 않습니다. 그런데 어째서 하나는 공교육 기관이고 다른 하나는 아닐까요?

설립과 운영의 주체가 누구냐가 중요한 게 아니라 운영 프로그램, 즉 교육과정을 기준으로 하기 때문입니다. 민간이 설립하고 운영하는 사립학교라 할지라도 국가교육과정을 준수하고, 여기에 따라 교육활동을 운영한다면, 그 학교는 공교육 기관입니다. 그리고 사립학교법에 따르면 아무리 특수한 목적을 가진 학교라 할지라도 국가교육과정을 최소 50퍼센트 이상 반영하지 않으면 학교로 인가가 나지 않습니다. 따라서 우리나라의 사립학교는 모두 완벽한 공교육 기관입니다.

대안학교는 국가교육과정을 거부하는 학생과 학부모가 선택한 학교입니다. 최근에는 학교폭력 가해자, 부적응 학생을 위한 특별한 위탁교육기관으로서의 대안학교도 있습니다. 이런 경우에는 공교육 기관이라고 봐야 합니다. 하지만 학교 밖에서 새롭고 독자적인 교육을 모색하는 대안학교는 공교육 기관이라 부를 수 없습니다. 이들이 바로 사교육 기관입니다. 만약 지방자치 단체에서 특별한 교육기관을 운영하고, 국가교육과정을 준용하지 않는다면 어떻게 될까요? 그렇다면 운영 주체가 지방자치 단체라 할지라도 공교육 기관이라 부를 수 없습니다. 공교육이 아니라면 사교육 외에는 달리 부를 말이 없습니다. 이와 같이 사교육 기관은 설립과 운영의 주체가 민간인 교육기관이 아니라, 국가교육과정으로부터 자유롭고 독립된 교육과정을 운영하는 교육기관이라고 정의하는 것이 가장 정확합니다.

이런 사교육 기관이 왜 필요할까요? 당연한 이야기가 되겠지만,

사교육이 필요한 까닭은 공교육만으로는 학생들에게 필요한 교육을 모두 해결할 수 없기 때문입니다. 물론 여기서 공교육만으로는 대학입시를 준비할 수 없다 따위의 말을 하려는 건 아닙니다. 대학입시가 아니라 공교육이 일일이 감당하기에는 너무 세부적이고 다양한 교육적 필요들을 말씀드리는 겁니다.

공교육은 전 국민을 대상으로 하는 것이기 때문에 표준을 염두하고 이루어질 수밖에 없습니다. 따라서 공교육은 어떤 학생에게도 100퍼센트의 만족을 줄 수 없습니다. 70퍼센트 정도 충족시켜 주면 다행이라고 할까요? 이는 학생들이 사람으로서, 또 한국인으로서의 보편성을 가지고 있지만, 동시에 각자 개성을 가진 개인으로서의 특성도 가지고 있기 때문입니다. 그리고 저는 이 보편성의 최대치를 70퍼센트 정도까지 보는 것입니다.

예컨대 우리는 어떤 사람이 일본에서 왔다고 하면 만나 보기도 전에 어떤 사람인지 예측합니다. 그리고 그건 어느 정도까지는 맞아떨어집니다. 일본인이라면 모두 공유하는 공통의 환경과 문화가 있을 테니까요. 이게 보편성입니다. 하지만 일본 사람이라고 모두 똑같지는 않습니다. 대략 30퍼센트 정도는 개인 고유의 영역입니다. 저마다 타고난 재능과 적성, 그리고 기질이 다를 테니까요. 공교육은 이 중 보편적인 70퍼센트에 최대한 맞춰진 교육입니다. 나머지 30퍼센트에 맞는 교육도 제공하려고 애는 쓰지만 개인교사를 붙여 주지 않는 한 모든 학생을 충족시키기는 어렵습니다. 그래서 사교육이 필요합니다.

또 예술, 체육, 기술 같은 분야에서 사교육이 필요합니다. 공교육 교육과정에도 음악, 미술, 연극, 체육, 기술, 가정 등 다 있기는 하지만, 그 분야에 독특한 재능이나 취향을 가진 학생들의 특별한 수요를 감당하기에는 역부족입니다. 예술고등학교, 체육고등학교, 특성화고등학교가 있지만 매우 어릴 때 소질이 드러나는 예술, 체육 분야의 특성상 고등학교 때는 이미 너무 늦습니다. 또 예술, 체육, 기술 분야는 해당 분야 전문가와 학생이 거의 1:1로 상호작용하면서 실제로 작업을 함께하는 장인 - 도제 방식 교육이 가장 적합합니다. 하지만 이런 교육을 공교육에서 일일이 감당하기는 어렵습니다.

예컨대 학교에서 기본적인 가창과 피아노, 리코더 등 기본적인 기악, 몇몇 명곡을 감상하고 악보 보는 방법 정도까지는 가르칠 수 있습니다. 그리고 음악에 재능과 흥미가 특별한 학생들을 위한 방과후 프로그램 등으로 어느 정도 그 욕구를 충족시켜 줄 수 있습니다. 하지만 공교육으로 어릴 때부터 섬세한 교육이 필요한 전문 연주자나 작곡가를 길러 낼 수는 없습니다. 예술고등학교에 진학했을 때는 이미 늦은 나이일 수 있고요. 따라서 학교 밖의 전문 교육자들이 이런 역할을 감당해야 합니다. 낮은 차원에서는 피아노 학원 같은 것들이며, 높은 차원에서는 수준 높은 개인 레슨이나 마스터 클

래스 같은 것들 말입니다. 다른 예술 분야도 마찬가지입니다. 학교는 예술적 소양을 가진 시민을 양성할 수는 있지만, 독특한 취향을 가진 독특한 분야의 예술가까지 기를 수는 없습니다. 이런 경로에 필요한 교육은 학교에서 익힌 일반적인 예술적 소양을 바탕으로 각종 학원 혹은 관련 단체에서 제공하는 교육 프로그램을 통해 배워야 합니다.

체육도 학교에서 축구, 농구, 야구, 배구, 육상, 투기 등등 구체적인 스포츠 종목까지 하나하나 가르칠 수는 없습니다. 이런 종목들의 특성을 이해하고 기본적인 기술을 익힐 뿐입니다. 만약 보다 전문적으로 축구, 농구, 야구 등을 배우고 싶다면, 다양한 사교육 기관이나 각종 전문 스포츠 클럽을 찾아야 합니다.

이런 예술, 체육, 기술 계통의 사교육 말고 보다 능동적이고 적극적인 의미의 사교육도 있습니다. 공교육의 교육과정이 진짜 중요한 것을 가르치지 않고 있다고 생각하는 부모나 교육자 들이 있기 때문입니다. 탐구하고 토론하는 경험이 부족하다고 여길 수 있습니다. 자연과의 교감, 모험 등을 할 수 있는 기회가 부족하다고 생각할 수도 있습니다. 생산적인 일을 함으로써 일과 놀이와 공부가 하나 되는 그런 경험이 부족하다고 생각할 수도 있습니다. 이런 활동들을 보충하는 '해양 소년학교', '인문학 토론학교', '자전거 정비학교' 같은 것을 세울 수 있습니다. 이런 게 모두 사교육의 진정한 역할입니다. 하지만 애석하게도 최근 강남에서 '프리미엄 사교육'이라는 이름으로 행해지고 있다고 들었습니다.

공교육은 특별한 재능을 발굴하여 인재로 길러 내는 교육이 아니라 민주사회의 시민을 길러 내는 교육입니다. 따라서 어린 학생들을 특별한 분야의 교육만 집중적으로 받게 하는 교육은 중국, 북한, 러시아같이 시민 한 사람 한 사람의 적성을 중요하게 여기지 않는 나라에서나 필요한 교육입니다. 특별한 재능과 적성을 가진 학생이라도 일반적이고 보편적인 공교육은 반드시 받아야 합니다. 그 대신 공교육이 충족할 수 없는 10퍼센트를 담당하는 특별한 다른 교육이 필요합니다. 저는 이런 교육을 진정한 사교육이라 부릅니다. 공교육이 할 수 없는 그러나 필요한 교육의 영역을 감당해 줌으로써 공교육과 함께 교육을 완성할 수 있는 교육, 그게 제가 생각하는 사교육입니다.

경제학적으로 말하자면 사교육은 공교육의 보완재입니다만, 보완재가 아니라 더 대담하게 대체재를 목적으로 하는 사교육도 있습니다. 국가교육과정 자체가 잘못되었다고 생각하고 이를 거부하고 실시하는 교육이 그것입니다. 앞에서 예로 들었던 대안학교들, 그중에서 비인가 교육기관(교육과정을 준수하지 않기 때문에 비인가인 경우가 많습니다)이 여기 속합니다. 이런 학교를 운영하는 교육자들 중에는 국가교육과정을 대체하는 수준을 넘어 이를 공격하여 파괴해야 한다는 매우 급진적인 입장을 취하는 사람들도 적잖이 있습니다.

예컨대 '발도르프 학교'는 가장 널리 알려진 대체재로서의 사교육 기관입니다. 이 학교에서는 국가교육과정이 아니라 루돌프 슈타이너의 교육학과 인지학에 기반한 완전히 새로운 교육과정을 운영합니다. 교사양성기관도 별도로 운영하고 있으며, 자격증도 별도로 발급하고 있습니다. 그런데 같은 대안학교라도 '프레네 학교' 같은 경우는 공교육 기관 안에서 국가교육과정을 비교적 많이 준수하며, 심지어 국가 수준 학업성취도 평가에도 참여하여 높은 성취도를 보여 주기도 합니다. 발도르프 학교는 대체재로서 사교육 기관, 프레네 학교는 보완재로서의 사교육 기관이라고 부를 수 있습니다.

이러한 사교육 기관들이 다양하면 다양할수록 공교육에도 도움이 됩니다. 보완재로서의 사교육 기관은 공교육이 미처 다루지 못하는 교육의 사각지대를 채워 줌으로써 교육을 보다 완전하게 합니다. 대체재로서의 사교육 기관은 자칫 매너리즘에 빠지기 쉽고, 경직된 관료제 조직으로 전락하기 쉬운 공교육 기관에 신선한 자극을 줌으로써 교육이 발전하는 데 기여할 수 있습니다. 또, 시대의 변화에 공교육 기관보다 더 빨리 대응할 수 있기 때문에 공교육 기관을 시대의 흐름에 맞게 견인하는 역할도 담당할 수 있습니다.

자, 이렇게 사교육의 의미를 분명히 했으니 이제는 우리나라에 이런 사교육 기관이 충분한지 살펴볼 차례입니다. 주변을 둘러보면 학원이 참 많습니다. 그런데 이 많은 학원 가운데 악기나 운동, 그림을 가르치는 곳은 얼마나 될까요? 설사 몇 군데 있더라도 입시 실기 연습이 아니라 정말 취미로 익히기 위한 곳은 또 얼마나 될까요? 아마 몇 군데 없을 겁니다.

공교육 기관에 적응하지 못하거나 교육과정에 동의하지 않는 학생들이 다닐 수 있는 교육기관은 얼마나 되며, 공교육에 적응하지 못하는 학생이라면 누구나 다닐 수 있을까요? 대표적인 사교육 기관인 대안학교를 보자면 불가능합니다. 우선 학비가 너무 비싸고, 비싼 것에 비해 학교는 매우 열악할 겁니다. 대안학교 하는 분들이 탐욕을 부려서가 아닙니다. 실제 학교를 운영하는 데 돈이 많이 들기 때문입니다.

덴마크는 일단 학교를 세우면 국가교육과정을 준수하는 공교육 기관이 아니더라도 70퍼센트의 경비를 지원합니다. 따라서 다양한 대안적 교육기관, 즉 사교육이 꽃을 피우고, 여기서 이루어진 다양한 실험 결과가 공교육 기관과 선순환하면서 교육 전체가 활기를 띱니다.

하지만 우리나라는 공교육 기관이 아니면 국고 지원을 거의 받지 못하기 때문에 학교 운영에 필요한 모든 경비를 기부받거나 학비로 충당해야 합니다. 그러니 학비가 엄청나게 비쌀 수밖에 없고, 이를 감당할 수 있는 계층에게만 열려 있는 경우가 많습니다. 공교육의 보완재나 대체재가 되기에는 저변이 너무 좁죠.

이런 의미에서 우리나라는 사교육 기관이 부족하거나 접근하기가 어렵습니다. 그 대신 진정한 의미의 사교육 기관이라 볼 수 없는 입시학원만 즐비합니다. 국가교육과정 말고 다른 내용을 다루는 입시학원이나 보습학원을 본 적 있으십니까? 2학년 때 해야 하는 걸 1학년 때 하고, 고등학생이 하는 걸 초등학생한테 시키는 선행학습을 제외하면, 입시학원은 철저히 국가교육과정의 범위 안에서만 모든 교육내용을 결정합니다. 그것도 국가교육과정 중 극히 일부분, 그러니까 국어, 영어, 수학, 그리고 사회와 과학의 일부 영역을 집중해서 연습시키는 곳이 입시학원입니다.

입시학원은 절대 공교육의 범위를 벗어나지 못합니다. 공교육의 범위를 벗어난다는 것은 학교 내신, 대입 수능과 무관해진다는 뜻이며, 그럼 학원 문을 닫는 불상사가 일어나겠죠. 그러니 입시학원이야말로 가장 철저하게 국가교육과정을 추종하는 곳입니다. 공교육 교사는 올바르지 않은 교과서에 문제제기도 하고 자기 나름의 교육도 하겠지만, 입시학원이라면 그런 성찰은 불필요합니다. 주어진 답을 익히게 해야 하니까요.

만약 학원이 진정 사교육이라고 불릴 수 있으려면 공교육의 교육과정이 감당하지 못하는 다양한 학생들의 세밀한 요구를 감당해 주어야 합니다. 하지만 불행히도 우리나라 학원 대다수는 사교육이라

불릴 자격이 없습니다. 오히려 학원은 공교육의 교란재에 가깝습니다. 철저히 공교육 시스템을 따라다니면서 그 속에서 더 앞자리에 설 수 있는 요령만 가르치고 있기 때문입니다. 더 잘 알고, 더 잘할 수 있는 게 아니라, 단지 시험 문제만 더 잘 풀 수 있게 만드는 얄팍한 요령 말입니다. 미국에서는 시험 문제 예측을 매우 비겁한 행위로 본다고 합니다. 열심히 공부하면 어차피 잘 맞출 문제일 텐데, 왜 공부 대신 문제를 미리 예상하느냐는 것입니다. 심지어 캐나다의 일부 주에서는 시험 문제를 미리 예측하는 행위를 일종의 고사 부정행위로 간주합니다.

그래서 저는 우리나라에 진정한 사교육이 필요하다고 주장합니다. 최근 진보교육감들을 중심으로 혁신학교가 만들어지고 있는데, 어차피 국가교육과정의 지배를 받는 공교육의 혁신에는 한계가 있습니다. 또 공교육은 쉽게 바뀌지 않는 안정성이 중요하기도 하고요. 이때 필요한 혁신을 제공하는 영역으로 사교육이 필요합니다. 대안학교, 혁신학교뿐만 아니라 대안학원, 혁신학원이 필요합니다.

무엇보다 스포츠 활동, 컴퓨터, 디자인 등의 직업 교육 활동, 그리고 음악, 미술, 연극 등의 예술 활동을 감당할 많은 사교육 기관이 필요합니다. 이런 활동의 기회를 제공하는 각종 사교육 기관의 교육비는 국가와 지방자치단체가 저소득층을 중심으로 적극적으로 지원해야 합니다. 말하자면 공립 사교육, 공영 사교육이 되는 셈이죠.

가장 이상적인 방식은 덴마크처럼 국가교육과정에 동의하지 못하는 교육자, 학부모가 학교나 교육기관을 설립하여 운영할 경우, 일정 수 이상의 학생이 모집된다면 국가에서 운영비를 지원하는 겁니다. 다양한 종류의 학교, 교육기관이 꽃필 수 있도록 해야 합니다. 이렇게 교육의 철학과 목표, 내용이 다양해지는 것이 진정한 교육 다양성, 학교 다양성입니다.

이게 가능하려면 학부모님들의 도움이 절대적으로 필요합니다. 아무리 제대로 된 사교육 기관들을 세우더라도, 학부모님들이 외면하고 자녀를 보내지 않는다면, 개점휴업 상태를 면하기 어렵습니다. 당장 시험점수로 결과가 나오지 않는 장기적인 교육 프로그램을 믿고 지지해 주지 않는다면, 결국 그 시작은 고결하였으나 또 다른 입시기관으로 전락하기 쉬우니까요.

우리나라 교육의 장래가 학부모님들에게 달려 있습니다. 학부모님들이 사교육의 진정한 의미를 생각하고, 제대로 된 사교육 기관에 자녀를 보내고, 그 수요를 높이는 것입니다. 반대로 한낱 시험을 목적으로 공교육에 기생하고 심지어 교란·왜곡하고 있는 가짜 사교육 기관에 자녀를 보내지 않음으로써 그들 스스로 문을 닫게 해야 합니다.

이렇게 하면 학부모님들의 고통거리인 사교육비 경감에도 도움이 됩니다. 입시학원은 공교육 체계 내에서 선발 시험만을 위한 편법을 판매하는 곳입니다. 편법과 반칙에 들어가는 비용은 당연히 비쌀 수밖에 없습니다. 사교육비가 부담이라면, 사교육비가 너무 비싸다면 그 까닭은 순전히 편법을 찾는 사람이 많기 때문입니다. 아스피린 같은 약보다 마약류가 훨씬 비싸게 거래되고 있는 것과 마찬가지 이치입니다.

다행스럽게도 최근 들어 시험 문제 풀이, 단순 암기 반복형 학습, 선행학습에 의존하는 전형적인 입시학원의 규모가 줄어들고 있습니다. 대신 토의토론 학원, 논술학원, 그 밖에 다양한 인문교양을 익히는 학원이 늘어나고 있습니다. 학부모들의 생각이 바뀌기 시작한 겁니다.

문제는 이런 변화 역시 교육에 대한 고민과 성찰에서 나오는 게 아니라 대학입학제도가 수시, 그중에서도 학생부 종합 전형의 비중이 점점 늘어난 결과라는 것입니다. 그래서 많은 학부모님들이 토의토론과 논술에 필요한 비판적 사고력과 인문교양을 키우는 것보다는 그런 능력이 있는 것처럼 생활기록부를 꾸미고 면접에서 그럴듯한 인상을 주는 공부를 요구하고 있습니다. 그 결과 실제 비판적 사고력과 인문교양을 키우는 사교육 기관이 아니라 그럴듯해 보이는 지적 화장술, 지적 기만술을 가르치는 입시 기관들이 판을 치고 있습니다. 이 역시 편법이기 때문에 매우 비쌉니다.

이런 식의 얄팍한 지적 화장술을 판매하려는 사교육 빙자 소매

상들을 시장에서 퇴출할 수 있는 힘을 가진 분들은 학부모님들밖에 없습니다. 사교육을 사회문제로 만드는 것도, 사교육을 교육의 완성으로 이끄는 것도 모두 학부모가 가진 힘입니다. 학교에 자극이 될 만한 건전한 사교육이 다양하게 꽃피도록 사교육 시장의 분위기를 만드는 것은 학교에 와서 목소리를 높이는 것보다 훨씬 효과적인 방법일 겁니다. 부디 학부모님들의 현명한 선택을 바랍니다.

누구를 위한, 무엇을 위한
사교육입니까

우리나라의 공교육 체제가 세계적으로 매우 훌륭한 편에 속하며, 전 세계적으로 높은 수준의 성취를 내고 있다고 말씀드렸습니다. 그런데도 공교육으로는 도저히 아이를 제대로 키울 수 없다고들 하면서 경쟁적으로 사교육비를 쏟아붓는 이 치킨게임이 성행하는 까닭은 무엇일까요? 아마도 상대적 박탈감과 불안감이 큰 역할을 맡고 있을 겁니다. 강남권 등에서 성행하는 고액 과외 혹은 고액 과외에 대한 소문 때문에 그 정도의 사교육을 시키지 않으면 자기 아이가 경쟁에서 낙오되고 말 것 같은 불안감이 사교육 문제를 증폭시키고 있는 것입니다.

사교육에 투입하는 돈은 실제로는 자녀의 교육적 성취를 구입하는 것이 아니라 부모의 안심을 구입하는 것에 가깝습니다. 실제로 사교육도 교육인지라 그 성과를 양적으로 확인하기는 어렵습니다. 그렇지만 사교육비를 쏟아붓는 까닭은 일종의 보험 심리로 설명 가능합니다. 내가 이만큼 교육에 돈을 투입했으니 할 노릇은 다한 것이다, 나중에 원망하지 마라 등등. 그래서 사교육 시장은 가격이 떨어져도 수요가 줄어드는 기펜의 역설이 적용되는 시장이 되어 버렸습니다. 비싸면 비쌀수록 안심의 정도도 커집니다. 고급 승용차를 타면 왠지 경차를 탈 때보다 교통사고에서 더 안전하다고 느끼는 것처럼 말입니다. 이 틈을 비집고 이른바 프리미엄 사교육이라고 불리는 것들이 들어왔습니다.

저는 사교육을 반대하지 않습니다. 학교 수업에서 다 다루지 못하는 영역이 있고 학생 개개인에 맞춰 수업을 하기 어렵다는 것을 인정하기 때문입니다. 사교육은 이런 부분을 보충하는 것이 되어야 합니다. 그 정도의 사교육이라면 일종의 복습학원 정도면 충분할 겁니다. 문제는 그 정도의 사교육은 웬만큼 사는 가정에서는 다 시킬 수 있다는 데 있습니다. 그래서는 우리 아이가 이 경쟁에서 앞자리에 설 수 없습니다. 남들이 못하는 것을 추가로 더 해야 앞자리에 설 수 있을 테니까요.

우리 사회는 다른 사람들과 똑같은 조건에서 경쟁하고 그 결과를 받아들이는 훈련이 부족합니다. 똑같은 조건에서 경쟁하면 능력의 차이가 그대로 드러나는데 그걸 인정하고 싶지 않은 겁니다. 그래서 어떻게든 남보다 유리한 조건에서 경쟁하려고 합니다. 경쟁의 과정이 아니라 결과만 생각하기 때문입니다. 교육도 마찬가지입니다. 부모는 자녀가 어떤 교육적 성취를 거두었는지, 즉 교육 이전에 비해 무엇을 더 알게 되고 무엇을 새로 할 수 있는지에 큰 관심이 없습니다. 가장 큰 관심사는 평가 결과에서 얼마나 앞자리에 서게 되는가 하는 것이죠. 경쟁의 과정은 중요하지 않고, 경쟁의 결과만, 이기는 것만이 중요합니다.

이런 풍토에서는 다른 학생보다 유리한 조건에서 경쟁해 더 뛰어난 결과를 거둔 게 특별히 문제가 되지 않습니다. 불공정 경쟁의 책임은 오히려 불리한 조건에 있었던 학생에게, 혹은 그런 조건을 만들어 주지 못한 부모에게 돌아갑니다. 족집게 과외를 받아서 실력보다 더 높은 점수를 받은 학생이 비난받는 게 아니라 오히려 그런 과외를 시켜주지 못한 부모가 죄책감을 가지는 겁니다.

"돈도 실력이야."

어떤 유력 인사의 딸이 외쳤던 이 한마디가 과연 한 사람만의 비뚤어진 가치관이었을까요? 이렇게 노골적으로 외치지 않을 뿐, 상당히 많은 사람이 결국 '돈을 써서, 불공정하게라도 경쟁에서 유리한 위치'에 올라서고 싶은 욕망을 가졌을 겁니다.

예컨대 똑같이 들은 수업 내용을 스스로 복습해서 시험을 보는 게 아니라 학교 밖의 또 다른 입시기술자가 간추려 준 예상 문제를 미리 연습해 훨씬 수월하게 시험 보는 게 그렇습니다. 당연히 이런 예상 문제 연습에는 많은 돈이 들어갑니다. 이건 결국 시험 문제를 돈 주고 산 것과 다를 바 없으며, 그럴 돈이 없는 가정의 학생들에게 "돈도 실력이야"라고 강변하는 것과 마찬가지입니다.

이래서 사교육비가 점점 비싸집니다. "돈도 실력이야"가 통하는 사회이기 때문입니다. 돈이 적당히 많으면 시험 문제를 사교육을 통해 예측하고, 돈이 아주 많으면 아예 시험관을 매수해서 시험 문제를 유출하고, 돈이 무지막지하게 많으면 이 단계를 건너뛰어 진학하고자 하는 대학 자체를 움직여서 남보다 편하게 진학하는 이 단계들 사이에 도덕적으로는 아무런 차이가 없습니다. 다만 가진 돈의 차이만 있을 뿐입니다.

이렇게 사교육비 때문에 웬만큼 사는 가정에서도 허리띠를 졸라매야 하는 상황이 옵니다. 여력이 되는 집은 허리띠를 졸라매고, 그렇지 못한 집은 아이를 이런저런 비싼 학원에 보내지 못해 경쟁에서 불리해질까 봐 불안해합니다. 어떤 부모는 죄책감을 느끼기까지 합니다.

그 결과 사교육비 때문에 허리가 휘는 학부모라는 하나의 사회적 이미지가 만들어집니다. 이것은 우리나라의 교육 문제를 말하라고 하면 제일 먼저 나오는 이미지일 겁니다. 하지만 이런 이미지에는 몇 가지 문제점이 있습니다.

첫째, 실제로 이런 학부모는 전체 학부모의 10퍼센트 정도만 대표합니다. 물론 조금 더 많을 수도 있고, 더 적을 수도 있지만 많아야 20퍼센트를 넘지 못합니다. 10퍼센트 정도의 학부모들이 사교육비 때문에 허리띠를 졸라매고 있으며, 10퍼센트 정도는 충분한 사교육비를 대지 못해 자녀의 장래를 망치는 건 아닐까 불안에 떨고 있다고 보는 것이 현실적일 것입니다.

사실 허리가 휠 정도라는 것이 상대적이긴 합니다. 가령 월 100만 원이 지출되는 이른바 프리미엄 사교육을 한다면, 월 소득 600만 원인 가정도 자녀가 둘만 되어도 감당하기 어렵습니다. 하지만 월 소득이 1000만 원인 가정이라면 어느 정도 지출 조정을 하면, 즉 허리띠를 졸라매면 감당할 수 있습니다. 월 600만 원인 가정은 우리나라의 상위 20퍼센트 소득입니다. 그래서 10퍼센트는 불안해하고 10퍼센트는 허리띠를 졸라매고 있는 것이 우리나라 사교육의 실태라고 말씀드리는 겁니다.

그 이하의 가정은 어떨까요? 허리띠 졸라매는 사교육 경쟁은 그저 남의 나라 이야기일 뿐입니다. 자녀 한 명당 30만 원 내외가 들어가는 통상적인 사교육 정도만 시키고(워낙 관행이 되어 버렸습니다. 요즘 아이들에게 동네 보습학원 하나 다니는 건 학교 다니는 것과 비슷합니다. 게다가 이런 보통 수준의 가정에 이 정도 비용도 상당한 부담입니다) 그 이상의 경쟁은 그냥 체념하기 쉽습니다. 만약 자녀가 탁월한 학업능력을 보여 준다면 그

때는 무리를 해서라도 이 경쟁에 뛰어들겠지만 말입니다. 하지만 중위소득, 즉 50퍼센트에 해당되는 월 400만 원이 안 되는 가정이라면? 사교육 경쟁은커녕 최소한의 인간다운 생활을 누릴 수준의 살림조차 빠듯하게 꾸릴 겁니다. 더구나 월 200만 원, 즉 빈곤선 이하의 가정은 사회의 도움이 없으면 살림조차 꾸려 나가기 어렵습니다. 그러니 사교육비 때문에 허리가 휜다고 한탄하는 학부모는 적어도 중상층 학부모입니다. 그리고 우리나라 교육 문제에서 사교육비 문제가 유독 많이 회자되는 것은 이 중상층 학부모의 목소리가 과다 대표되기 때문입니다. 바로 교육 여론을 주도하는 교사들, 기자들이 이 계층에 속하기 때문이죠.

둘째, 사교육비 부담을 호소하는 학부모들이 막상 사교육 자체의 문제에는 관심을 보이지 않는 경우가 많습니다. 이게 무슨 말이냐 하면 학원비가 얼마다, 누구는 얼마짜리 프리미엄 사교육을 받는다 등에는 관심을 가지지만 실제 그 학원에서 어떤 교육활동이 일어나고 있는지, 그것이 과연 교육적으로 타당한 것인지 등에 대해서는 관심을 가지지 않는다는 겁니다.

한때 각종 가짜 학위로 세상이 떠들썩한 적이 있었습니다. 가짜 학위로 교수가 된 분, 가짜 학위로 신도들을 끌어모은 승려 등등이 잇따라 발각되었습니다. 학원 강사 중에도 가짜 학위 소지자가 무더기로 적발되었습니다. 해당 교과 전공이 아니거나 출신 학교를 속이거나, 아예 정규 대학을 졸업하지 못한 강사들도 포함되어 있었습니다.

이런 어이없는 일들은 학원비에 기울이는 관심의 $1/10$만 아이들을 가르치게 될 학원 강사의 자질에 기울였다면 일어나지 않았을 겁니다. 또 실제로 학원에서 어떤 교육 활동이 이루어지는지 관심을 가졌어도 일어나지 않았을 겁니다. 사실 제대로 공부하지 않은 강사라도 강압적으로 학습과제를 내고, 엄청난 학습량으로 물량 공세를 펴고, 심지어 체벌이나 모욕적인 언사로 자극까지 주면서 몰아붙이면 학생의 성적은 어쨌거나 오르긴 오를 겁니다. 어마어마한 학업 스트레스를 비용으로 지출하고, 때로는 몸과 마음에 큰 상처를 남기겠지만 말입니다. 하지만 결과에만 관심을 가지는 부모라면 어쨌든 성적이 오르고 석차가 올라갔기 때문에 과정이 어떠했는지 따지지 않을 것입니다. 물론 다 그런 건 아닙니다. 그런 문제에 민감한 부모님들도 계십니다. 이런 분들은 학원에서 성적 드라이브를 걸면서 강압적이고 비인격적인 처사를 했다면 그 학원에 아이를 보내지 않을 겁니다.

그런데 한 가지 신기한 일이 있습니다. 강남 지역의 중고등학교는 정기고사만 치렀다 하면 시험 문제와 관련한 온갖 항의 전화가 옵니다. 왜 이렇게 주관식(서술형) 문제가 많냐는 상식 이하의 항의까지 있습니다. 이건 병원에 전화해서 왜 이렇게 수술을 많이 하냐고 따지는 것과 마찬가지입니다. 시험 문제의 정답으로 이런 것도 인정해야 하는 것 아니냐고 꼬치꼬치 따지려고 단체로 항의 방문하는 열혈 학부모도 있습니다. 하지만 학원의 수업 내용에 혹은 간혹 학원에서 치르는 시험에 이렇게 꼬치꼬치 따진다는 말은 별로 들어보지 못했습니다. 학원에서는 교육이 일어나지 않는다고 생각해서일까요? 학원 선생들은 워낙 훌륭해서 오류가 없다고 믿기 때문일까요?

왜 학원에는 시험 문제 가지고 따지는 항의전화가 없을까요? 냉정하게 말씀드리자면, 학원 시험의 기록은 공식 성적표가 아니기 때문입니다. 공식 성적표가 아니라서 석차가 나오지 않고, 따라서 이 치열한 경쟁에서 공식적인 어떤 실적으로 남지 않기 때문입니다. 하지만 학원 시험이 아니라 학교 시험에서 만족할 만한 결과가 나오지 않는다면, 아마 학원에도 항의전화가 가거나 더 이상 그 학원에 보내지 않을 겁니다. 학원에서 무엇을 가르치고 평가했는가가 아니라 그 결과 학교 시험에서 얼마나 석차가 올라갔는가가 유일한 관심사인 것입니다.

학원이 이런 요구를 충족시킬 수 있는 방법은 두 가지뿐입니다. 하나는 어떻게 해서든 학교 시험 문제를 예측해 내는 것입니다. 그래서 학원에서는 주변 학교 주요 교과 교사들에 대한 자료를 수집합니다. 교사들의 출제 성향을 파악하고, 기출문제를 분석해 예상 문제집을 만들고, 이걸 죽어라 반복시킵니다. 공부를 시키는 게 아니라 예상 문제와 답을 그냥 암기시키는 겁니다. 그래서 시험 점수는 높게 나오는데 막상 아는 것은 별로 없는 그런 학생을 만들어 버립니다. 기출문제와 풀이를 암기시키는 방법은 당연히 다소간의 강제성을 포함하고 있으며, 한때는 체벌까지 포함되었습니다. 지금도 남아 있을지 모릅니다. 학생들이 학교 숙제는 배 째라 하면서 안 해도 학원 숙제는 학교 수업시간에 몰래몰래 하는 것을 보면 확실히 뭔가 무섭게 하는 점이 있는 모양입니다.

그런데 학교 시험 점수 높이기가 그렇게 쉬운 일이 아닙니다. 아무리 학원이 용빼는 재주가 있어도 몇 달 만에 공부 못하는 학생을 상위권으로 올려놓지는 못합니다. 학교 교사들도 기출문제와 풀이를 연습하는 학원의 존재를 감안하고 있기 때문에 이미 출제한 문제는 적어도 2~3년 이내에는 다시 내지 않습니다. 더구나 갈수록 수행평가나 서답형 평가의 비중이 높아지고 있습니다. 이런 평가는 실제로 그 내용을 이해하지 않으면 문제풀이 연습을 했다고 해서 점수를 얻을 수 있는 것들이 아닙니다. 그래서 학원에서 선행학습이 성행합니다. 선행학습이 효과가 있어서가 아니라 그 효과를 먼 미래로 미루어 둘 수 있기 때문입니다.

학부모들은 선행학습의 효과는 지금이 아니라 상급학교에 진학한 다음에 나타날 거라고 기대합니다. 초등학생이 중학교 과정을, 중학생이 고등학교 과정을 공부한다면 학원 입장에서는 당장 학교 시험에서 학원의 실적을 증명할 부담을 크게 덜게 됩니다. 게다가 더 급이 높은 사교육을 하고 있다는 착각을 주기 때문에 더 비싼 수강료를 책정할 수도 있습니다. 만약 2~3년 뒤 그 학생이 상급학교에 가서 성적이 안 나오면? 이미 2~3년간 수강료를 받았으니 안 다닌다고 해도 아쉬울 게 없습니다.

만약 "왜 이렇게 등수가 안 오르냐?"라는 항의가 들어오면 "몇 년 뒤의 대입이 중요하지, 초등학교 중학교 점수가 뭐가 중요하냐? 지금 대입을 미리 준비하고 있으니 걱정 마시라" 이렇게 대답할 수 있게 되는 것입니다. 학부모는 학부모대로 남들보다 미리 공부를 해서 상급학교에 들어가면 육상경기에서 출발점보다 앞에서부터 뛰는 효과가 있을 거라고 기대하기 때문에 당장의 성적에 일희일비하지 않게 됩니다.

문제는 선행학습은 일종의 위치재 경쟁이라는 겁니다. 남보다 더 잘 아는 것보다 남보다 더 먼저 아는 것을 추구하기 때문에 그 프리미엄은 남도 하게 되면 다 사라집니다. 따라서 1년 선행학습은 2년 선행으로, 2년은 3년으로, 마침내 초등학생이 고등학교 수학을 공부하는 지경까지 가게 됩니다.

그런데 이렇게 되면 정상적인 교육과정이 혼란스러워집니다. 이런 식으로 선행학습을 하는 학생들이 많은 지역의 학교에서는 교사가 정상적인 진도를 나가기 어렵습니다. 이미 고등학교 수학 문제집을 풀고 있는 학생들이 초등학교 혹은 중학교 수학시간에 수업에 집중할 턱이 없습니다. 오히려 학원 숙제인 고등학교 수학 문제집을 풀고 있을 겁니다. 그렇다고 교사가 그런 학생들 때문에 정상적인 교육과정을 무시하고 훨씬 앞선 진도를 나갈 수도 없습니다. 또 그런 학생들 역시 고등학교 수학 문제를 풀고 있다고 해서 자기 학년에 걸맞은 수학 실력을 가졌다고는 장담하지 못합니다. 지금 고등학교 문제를 풀고 있다는 생각에 중학교 수학쯤은 다 알고 있다는 착각을 할 뿐입니다. 그런데도 이 학생들은 학원에서 나가고 있는 진도보다 훨씬 뒤떨어지는 학교 수업에 흥미를 잃어버리고, 결국 해당 학년을 마쳤을 때 갖춰야 할 기본 소양과 역량을 충실하게 구축하는 데 실패하고 맙니다.

더 큰 문제가 있습니다. 몸과 마찬가지로 마음에도 기초 체력이 있습니다. 기초 체력이 갖춰지지 않은 상태에서 어려운 운동 기술을 배우면 큰 부상으로 이어집니다. 공부도 마찬가지입니다. 두뇌와 마음의 정상적인 발달 정도를 지나치게 벗어난 학습을 하면 얼추 조숙한 말을 구사하고 어려운 문제를 풀 수는 있겠지만, 반드시 마음의 다른 부분에서 문제가 생깁니다. 사교육의 메카라는 대치동에는 각종 상담치료 클리닉이 곳곳에 들어서 있습니다. 그 상담치료 클리닉의 고객이 누구겠습니까? 실로 참혹한 이야기가 아닐 수 없습니다.

그래서 저는 사교육비 때문에 살림이 어렵다, 허리가 휠 것 같다는 고통을 토로하는 학부모들에게는 어떤 동정도 공감도 느끼지 않습니다. 게다가 정부가 걸핏하면 "사교육비 경감 대책"이라는 것을 세워서 학교에 이런저런 공문을 보낼 때마다 화가 치밀어 오릅니다. 사교육'비' 말고 사'교육'에 관심을 두지 않기 때문입니다.

잠시 기본으로 돌아가서 생각해 봅시다. 우리는 왜 아이들이 그냥 알아서 자라게 두지 않고 '교육'이라는 것을 할까요? 사회에서 필요로 하는 능력, 가치, 규범, 문화 등을 익혀야 하기 때문입니다. 동물은 교육이라는 과정이 없습니다. 태어나는 순간 스스로 정해진 습성과 프로그램에 따라 살아갑니다.

하지만 사람은 교육을 이용해 타고난 습성과 본능의 범위를 넘어서는 넓은 선택지를 갖게 합니다. 2세대는 1세대로부터 배운 것에 자신들의 경험을 보태 3세대에게 전해 주고, 3세대는 4세대에게 전하는 식으로 세대를 거듭할수록 사람은 점점 더 큰 역량과 넓은 선택지를 가집니다. 이렇게 인간의 교육은 두 가지 근본적인 행위로 이루어졌습니다. 하나는 기성세대가 다음 세대에게 자신이 획득한 지식과 능력을 물려주는 전수 행위입니다. 다른 하나는 다음 세대가 기성세대를 넘어설 수 있도록 스스로 탐구하고 학습하고 적응할 수 있는 능력, 즉 역량을 확장시켜 주는 행위입니다. 교육이란 기성세대가 다음 세대에게 자신을 이어받도록 함과 동시에 자신을 부정하고 넘어서게 하는 모순적인 행위입니다. 이렇게 인간 사회는 점점 더 가능성을 넓혀 가고 문명이 발전합니다.

하지만 지금 우리나라에서 교육이라는 이름으로 이루어지는 일은, 특히 학부모들의 머릿속을 가득 채우고 있는 교육은 새로운 영역을 개척할 수 있는 탐구와 모험은 제거하고, 오직 하나의 선택지만 던져주고 심신이 망가질 정도로 반복 연습시키는 과정에 다름 아닙니다. 몸과 마음이 정상적으로 성장하면서 탐구와 모험이 보태지는 것이 교육입니다. 그런데 탐구와 모험이 사라진 것은 물론이며 정상적인 몸과 마음의 성장까지 희생하면서 기존의 것만 죽어라 학습하고 있으니(사실 기존의 것에 대한 '시험 문제'입니다) 이걸 어떻게 교육이라고 부를 수 있겠습니까? 그리고 교육이 아닌 것에 엄청난 돈을 쏟아부으면서 이걸 심각한 교육 문제라고 부르고 있으니 여기에 어떻게 동의할 수 있겠습니까?

그러니 다시 한 번 호소해 봅니다. 사교육'비'가 아니라 사'교육'을 고민해 주시기 바랍니다. 만약 공'교육'에 문제가 있고 제대로 채우지 못하는 부분이 있어서 사'교육'을 하는 것이라면 거기에 들어가는 비용은 당연히 국가가 책임져야 합니다. 하지만 공'교육'만으로는 경쟁에서 이길 것 같지 않아서 사교육'비'를 투입해 일종의 반칙이나 반교육적인 훈련을 하고 있는 것이라면, 국가가 관심을 가질 하등의 이유가 없습니다.

교육에
수요자는 없습니다

　사람들은 흔히 저를 진보 성향으로 분류합니다. 하지만 저는 이른바 민주·진보 정권이라던 김대중, 노무현 정부의 교육정책에 매우 부정적입니다. 심지어 그 시절의 교육정책을 생각하면 분통이 터집니다. 특히 김대중 정부에서 끌고 들어와 유행어처럼 정착시킨 '교육 수요자'라는 말은 듣는 것만으로도 이가 갈립니다.

　교육 수요자라는 말은 마치 교사를 교육이라는 상품의 판매자처럼, 학부모는 그것을 구매하는 소비자처럼 느끼게 만들었습니다. 학부모가 낸 세금으로 월급 받는 교사는 돈 낸 사람 뜻에 따라야 하는 것 아니냐, 대략 이런 식의 천박한 논리가 널리 퍼졌습니다. 이 논리를 따라 '선택권 강화'라는 말이 학교에 스며들었습니다. 시장에서 여러 생산자가 서로 경쟁하고 소비자가 그중에 가장 좋은 것을 선택하듯, 교육도 여러 종류가 제공되면 소비자가 선택하도록 해야 한다는 것입니다.

근본적으로 틀린 관점입니다. 교육에 수요자, 공급자라는 말을 쓰기도 어려울 뿐 아니라, 설사 그렇다고 하더라도 학부모는 결코 교육의 수요자가 아니기 때문입니다. 이 용어를 굳이 써야 한다면, 학부모 역시 교육의 공급자입니다. 왜냐고요? 교육을 받는 사람은 학생이지 학부모가 아니기 때문입니다. "내 자식 내가 원하는 대로 가르치고 싶으니 결국 내가 교육 수요자 아니냐?"라고 말할지도 모릅니다. 하지만 이건 봉건시대에나 어울릴 법한 억압적인 생각입니다. 학생은 도리어 부모에 맞서 자신의 선택권을 주장할 겁니다. 부모에게 "내 인생인데 왜 엄마 아빠가 하라는 것만 해야 하느냐?"라고 항변하면서 말입니다. 이때 부모는 으레 "다 너 잘되라고 시키는 거야"라고 대답할 겁니다. 이 말 속에는 자녀는 자신에게 필요한 것을 잘 알지 못하며, 부모가 대신 알아서 시켜야 한다는 생각이 담겨 있습니다. 하지만 부모는 정말 자녀에게 필요한 것이 무엇인지 잘 아는 사람일까요?

그렇지 않습니다. 부모는 종종 자녀에게 필요한 것과 자신이 희망하는 것을 혼동하기 마련입니다. 그래서 전문적인 훈련을 받은 제3자가 필요하며, 그들이 바로 교사입니다. 교사는 훈련받은 교육 전문가이며 경력이 2~3년만 지나도 벌써 수백 명의 학생을 경험합니다. 경력 10년을 넘어가면 학생의 성향, 적성, 소질을 부모보다 더 잘 파악합니다. 부모와 달리 학생을 냉정하고 객관적으로 바라보는 교사는 섣불리 '희망'으로 포장하지 않기 때문입니다. 실제로 독일에서는 교사가 학생의 진로에 거의 절대적인 영향력을 행사합니다.

그러나 저는 교사가 학생의 진로를 결정하는 독일식에 찬성하지 않습니다. 자기 삶의 방향을 스스로 결정하지 못한다면 어떻게 그 사람을 자유로운 시민이라 하겠습니까? 노예나 농노, 혹은 인도의 카스트 제도 같은 삶 아니겠습니까? 민주정치의 이상은 페리클레스가 말했듯이 "모두가 타고난 재능을 빛낼 수 있는" 사회입니다. 따라서 교육을 행하는 주체의 뜻에 따라 전적으로 좌우되는 교육은 폭력적이며 억압적입니다. 그 주체가 교사이든 부모이든 간에 말입니다.

부모와 교사는 모두 교육의 공급자입니다. 공적인 교육의 공급자가 학교라면 사적인 교육, 소위 가정교육의 공급자는 부모입니다. 그런데 다만 돈을 냈다는 이유로 부모 스스로 교육 공급자가 아니라 수요자의 위치로 자리매김하는 순간 부모는 교육자가 아니라 교육기관에 가서 따지고 요구하는 존재가 되고 맙니다. 집에서 그리고 학교에서 함께 협력하여 아이가 바르게 성장할 수 있게 책임지는 교육자가 아니라 학교에 이것저것 해 달라고 요구하고 안 되면 항의하는 그런 존재 말입니다. 흔히 가정교육이 무너졌다, 밥상머리 교육이 문제다라고들 합니다. 그런데 부모가 자기 자신을 '교육 수요자'라고 말하는 순간 가정교육이 어디 있고 밥상머리 교육이 어디 있겠습니까? 어린이집이나 유치원에서 가르치고 부모는 돈만 내면 끝나는 게 됩니다. 이런 말도 안 되는 상황을 막으려면 부모들은 절대 교육 수요자라는 말을 입은 물론 머리에도 담아서는 안 됩니다.

그런데 교육 수요자에는 학생뿐만 아니라 사회도 있습니다. 학생은 자기 삶의 주인이며, 자신의 삶을 행복하게 만들 수 있는 교육을 받을 권리가 있다는 점에서 틀림없는 교육의 수요자입니다. 그런데 사회라고요? 사회 역시 앞으로 닥칠 여러 도전적 상황을 너끈히 극복할 수 있는 역량을 갖추고, 사회의 질서와 규칙을 잘 지키며, 다른 구성원과 협력하는 사람들이 계속 공급되지 않으면 존속이 불가능합니다. 사회가 필요로 하는 모든 것은 사람의 DNA에 새겨진 것이 아니라 교육을 통해 만들어지는 것입니다. 따라서 사회 역시 교육의 수요자입니다. 공동체의 자원 상당수를 교육에 할당하는 건 이런 배경에서 비롯된 것입니다.

따라서 학교는 학생들이 장차 살아갈 때 필요한 능력과 소양, 그중에서도 학생에게 맞는 능력과 소양을 길러 주어야 하고, 사회가 요구하는 능력과 소양을 갖춘 학생을 길러 내야 합니다. 이게 바로 수요자에 대한 학교의 의무입니다. 부모 역시 자녀가 장차 살아갈 때 필요한 능력과 소양을 갖추는 일을 도와주어야 합니다. 또 사회가 요구하는 기본적인 품성과 태도를 갖춘 시민을 제공할 의무가 있습니다. 이런 의미에서 학부모님 역시 교육의 공급자로서 수요자인 학생과 사회에 책임을 지고 있는 것입니다.

물론 교육에서 수요자와 공급자를 나누는 것 자체가 무의미한 일이기는 합니다. 왜냐하면 교육은 선생과 학생이 모두 변하는 과정이기 때문입니다. 만약 학생은 변했으나 선생은 전혀 달라진 것이 없다면, 그건 교육이 아니라 훈련이나 조련에 불과합니다. 심지어 짐승을 조련하는 조련사도 일을 하면서 짐승에게 배웁니다. 하물며 사람입니다. 그런데 한쪽은 일방적으로 교육을 제공하고, 다른 쪽은 그렇게 제공된 교육을 돈을 주고 구입한다는 발상은 참으로 야만적이고 반교육적입니다.

학생들이 공부하는 까닭은 미래를 준비하는 데 있지, 부모님들이 걸어왔던 길을 따르기 위해서가 아닙니다. 교육이 고려할 것은 학생들의 필요이지 부모님들의 필요가 아닙니다. 만약 학교가 학생의 요구, 필요와 무관한 교육을 해서 비판받아야 한다면, 부모님도 마찬가지로 나란히 서서 비판받으셔야 합니다. 그럼에도 불구하고 부모가 학생 자신의 필요와 요구에도 아랑곳하지 않고 자신의 뜻을 관철시킨다면, 그것은 부모가 교육자의 위상을 가지고 있기 때문입니다. 부모 역시 나름의 교육관을 가지고 학생의 처지, 상태, 필요, 요구와 타협하며 교육하는 것입니다. 따라서 역시 나름의 교육관을 가지고 있는 교사는 학부모의 교육관과 타협하고 협상할 필요는 있을지언정, 학부모의 요구에 따를 이유는 없습니다. 교육 파트너의 관계이지 공급자 - 고객의 관계가 아닌 것입니다.

그런데 학생의 입장을 너무 강조하는 것 역시 문제가 많습니다. 왜곡된 "학생 중심 교육"이 그렇습니다. 일부 교육청에서는 "학생이 원하는 교육"을 해야 한다고 주장합니다. 더 나아가서 학생들의 교육 선택권을 강화해야 한다고까지 말합니다. 특히 이른바 혁신학교와 이를 추종하는 분들이 이런 주장을 많이 합니다. 학생들의 선택권 강화, 학생 중심 교육 등의 주장에 깔린 배경은 결국 학생의 요구에 따라 교육이 이루어져야 하며, 학생들의 요구가 다양하기 때문에 학교는 이를 모두 충족시킬 수 있는 교육 프로그램을 많이 준비해서 학생들이 선택할 수 있게 해야 한다는 것입니다. 전형적인 시장 논리입니다. 다양한 소비자의 기호에 맞춰 다양한 상품을 준비해서 어떤 소비자가 오더라도 판매할 수 있게 하자는 논리, 학교마다 교사마다 특색 있는 교육내용과 교육방법을 들고 나와서 학생들을 유치하기 위해 경쟁하면 특색 없는 학교와 교사들은 시장에서 퇴출될 테니 교육의 질이 높아질 것이라는 논리 말입니다.

그럴듯해 보이지만 교육의 본질과 한참 떨어진 논리입니다. 물론 교육의 다양성은 중요합니다. 학생 개개인은 물론 그들의 적성과 요구도 다양합니다. 저마다 타고난 기질과 소질이 다른데 똑같은 교육을 강요하는 것은 일종의 폭력입니다. 그런 점에서 저는 모든 학생이 학교에서도 집에서도 이른바 주지 교과의 학습을 강요받는 상황에 눈살이 찌푸려집니다. 하지만 획일적 교육을 극복한 교육 다양성은 서로 다른 성향을 가진 학생들이 각자 자기에게 맞는 서로 다른 교육을 받을 기회를 보장받아야 한다는 뜻이지, 학생들이 자기가 원하는 교육을 골라잡을 수 있어야 한다는 뜻은 아닙니다. 즉, 필요와 요구를 구별하자는 말입니다.

필요와 요구가 서로 다르다고요? 사람들은 필요한 것을 요구하는 게 아닐까요? 이렇게 반문할 수 있습니다. 그리고 실제로 일반적인 시장에서는 소비자의 필요와 요구가 동일하다고 전제합니다. 소비자가 원하는 상품을 공급함으로써 소비자의 필요도 고려되었다고 봅니다. 그래서 그 유명한 수요-공급 곡선에서 수요는 소비자의 요구이지 필요가 아닙니다. 하지만 정말 그럴까요? 필요한 것을 필요한 만큼 원하는 소비자는 이른바 합리적인 소비자입니다.

그러나 실제 상품 시장은 이런 식으로 움직이지 않습니다. 당장 지난 3개월 동안 구입한 상품 중에 '필요'했던 것이 얼마나 되는지 한번 따져 보시기 바랍니다. 아마 소비자로서 욕망했던 것과, 실제로 필요했던 것 사이에 꽤 큰 차이가 있을 겁니다. 당장 제 예를 들어보겠습니다. 저는 아이폰6를 사용합니다. 현재 저의 '필요'에 아이폰6를 가지고 부족한 점은 거의 없습니다. 하지만 새 아이폰이 나온다면 아마 구입할 겁니다. 꼭 그래야 할 필요는 없음에도 말이죠. 스마트폰 변경 주기가 통상 18개월이라고 합니다. 하지만 18개월이 지나도 웬만한 스마트폰은 별다른 문제 없이 새 제품처럼 잘 돌아갑니다. 스마트폰보다 훨씬 비싼 승용차만 해도 평균 5년 주기로 교체한다고 합니다. 과연 새 차가 필요했을까요? 아닙니다.

이렇게 우리는 필요한 것만 요구하지 않습니다. 때로는 전혀 필요 없는 것을 요구하며, 매우 긴요한 것은 오히려 멀리하기도 합니다. "양약은 입에 쓰다"라는 말이 괜히 나온 말이 아닐 겁니다. 먹고 싶은 것만 먹으면 당연히 건강을 해칩니다. 그런데 이상하게 우리 몸에 좋은 음식은 식욕을 일으키지 못하는 경우가 많습니다. 듣고 싶은 말만 들으면 교언영색에 넘어갑니다. 하지만 꼭 들어야 할 말은 듣기가 싫고 기분이 나쁩니다. 아이들은 오죽하겠습니까?

자, 이제 학교로 눈을 돌려 보겠습니다. 수요자 중심 교육이란 말이 마뜩잖지만, 굳이 써야 한다면 그건 학생 중심 교육이 될 것입니다. 하지만 학생 중심 교육이 곧 학생이 선택하고 학생의 뜻에 따라 이루어지는 교육이 될 수는 없습니다. 힘들고 지루한 과목은 다 안 하겠다고 들 테니 말입니다.

어떤 급진적인 분들은 학생이 원하는 것은 다 들어주고, 학생에게 유리한 쪽으로 결정하는 것이 학생 중심 교육이라고 말합니다. 이게 자연스럽게 학부모에게까지 옮겨가고 있습니다. 그래서 학생이 원하거나 학부모가 원하면 무조건 들어줘야 하는 것처럼 말하고 있습니다. 하지만 학생이 원하는 대로만 하면 공부하는 쪽보다는 노는 쪽으로, 힘들고 어려운 과정보다는 편하고 흥미 위주의 과정으로 흘러가고 말 것이라는 게 불행하지만 현실입니다. 학부모가 원하는 대로만 하면 결국 입시에서 유리한 결과, 당장 시험점수 높이는 데 유리한 그런 교육으로(이걸 교육이라고 부를 수 있다면) 흘러갈 것이 불 보듯 뻔합니다. 수요자 중심이란 이런 게 아닙니다. 그리고 이건 사실상 수요자를 모욕하는 것이며 무책임한 일입니다.

환자가 원하는 대로 해주는 의사가 과연 좋은 의사일까요? 아프다고 하면 진통제를 마구 놓아주고, 조금만 기침하면 항생제 처방을 독하게 해 주는 의사가 좋은 의사일까요? 아니면 환자가 다소 고통스러워하더라도 아픔을 견디게 하고, 감기 정도는 스스로 이겨내면서 면역력을 기르게 하는 의사가 훌륭한 의사일까요? 수요자의 판단에 맡기게 되면 필시 훌륭한 의사가 얄팍한 의사에게 밀려서 '퇴출'당하고 말 것입니다.

자신의 전문성에 기반한 확신과 소신 없이, 단지 수요자의 선택에 의존하는 전문가는 무책임합니다. 전문가란 자신의 판단에 따른 책임을 질 준비가 되어 있는 사람입니다. 소비자, 수요자의 선택을 강조하는 전문가일수록 책임을 모면할 준비를 하고 있다고 보면 틀림없습니다. 그리고 우리나라 교육의 경우 국민의 정부, 참여정부를 거치면서 이 무책임한 말이 너무 많이 유포되었습니다.

그렇다면 진정한 학생 중심 교육이란 어떤 것일까요? 그것은 어떤 교육 정책을 결정하고 프로그램을 개발 운영할 때 학생을 일차적으로 고려한다는 것, 그리고 교사가 그러한 고려를 할 수 있는 능력을 충분히 갖추는 것을 의미합니다. 즉, 행정 편의적·교사 편의적으로 프로그램을 운영하는 것이 아니라 무엇이 학생에게 진정 필요하고 도움이 되는 것인지를 고려할 수 있어야 한다는 것입니다.

학생의 진정한 필요를 고려하려면 적어도 다음 두 가지에 대한 깊은 이해가 필요합니다.

첫째, 앞으로 학생이 살아가야 할 세상에 대한 통찰입니다. 어른들이 결코 잊지 말아야 할 사실은 학생들은 장차 지금과 다른 세상을 살아간다는 것입니다. 사회는 매우 빠르게 변합니다. 어른들이 지금까지 살아 왔던 경험이 학생들이 앞으로 살아갈 세상에 똑같이 적용된다고 장담할 수 없습니다. 어른들은 앞으로의 세상을 탐구해야 하며, 그 결과를 토대로 학생들의 앞날을 대비해 주어야 합니다.

둘째, 성장기 어린이, 청소년의 특성에 대한 이해입니다. 학령기 어린이나 청소년 들의 사고방식이나 행동 특성은 어른들과 상당히 다릅니다. 게다가 그들 나름의 고유한 문화도 있습니다. 이런 특성을 이해하지 않고 어른들 사이에서나 통할 방식으로 아이들을 취급하면 반드시 부작용이 일어납니다.

이 두 가지가 교사의 전문성이 필요한 영역입니다. 교사는 아이들의 필요를 파악하고 준비하는 일에 특화된 사람들입니다. 교사는 아이들의 눈으로 세상을 바라보고, 당장의 현실보다 다소 공상적일지라도 아이들의 미래를 바라보는 일에 일반 어른들보다 뛰어납니다. 그래서 교사들은 다른 직종의 어른들보다 순진하기도 하며, 현실적인 문제에 서투르기도 합니다. 대부분 꼴을 갖춘 나라에서 교사의 생계를 철저히 보장해 주는 까닭이 바로 여기에 있습니다. 만약 교사가 당장의 생계나 노후대책 따위에 전전긍긍한다면 아이의 눈으로 세상을 바라보고 미래를 꿈꾸는 능력을 잃어버릴 것이며, 그런 교사에게 배우는 학생들은 불행해지기 때문입니다. 실제로 우리 어른 세대는 그런 삶에 찌든 교사들이 가득하던 1970~80년대 교단이 얼마나 어처구니없었는지 잘 알고 있지 않습니까?

하지만 이 두 가지만으로는 충분하지 않습니다. 여기까지는 일반적인 지식이기 때문입니다. 모든 학생은 각자 나름의 개성과 개인사를 가지고 있습니다. 교사의 지식, 전문성은 일반적인 세상, 그리고 일반적인 어린이, 청소년에 대한 것입니다. 이 일반적인 지식이 학생 개개인 고유의 특성, 그리고 나름의 개인사와 결합할 때 비로소 의미 있는 이야기가 만들어지면서 성장이 이루어집니다. 그래서 많은 교사가 학생 개개인의 특성과 개인사를 알아내려고 노력합니다. 관찰도 하고, 자료도 보고, 수시로 면담이나 대화를 합니다. 하지만 한계가 있습니다. 학생 개개인의 특성과 이야기를 가장 잘 알고 있을 전문가는 교사가 아니기 때문입니다. 그 전문가는 다름 아닌 학부모입니다.

이렇게 두 전문가가 만나서 요즘 유행하는 말로 콜라보를 하는 것, 그것이 바로 교육입니다. 지식 일반, 성장기 학생 일반에 대한 전문가인 교사, 그리고 개별 학생에 대한 전문가인 학부모. 그래서 학부모는 결코 교육의 수요자가 아닙니다. 학부모는 교사와 함께 학생을 교육하는 협력자입니다. 학부모는 흔히 하는 말처럼 "자식 맡긴 사람"이 아닙니다. 학부모의 자녀는 학교에 맡겨진 것이 아니라 학교와 가정에서 교육받는 것입니다. 그리고 엄밀히 말하면 사회가 혹은 이 세상이 혹은 인류라는 종種이 미래의 구성원을 학교와 가정에 맡긴 것입니다.

학부모와 교사 모두 학생 중심으로 사고할 필요가 있습니다. 내가 필요로 하는 것, 나의 욕심, 나의 소신보다는 학생이 장차 필요로 하는 것이 무엇인지 탐구해야 합니다. 물론 학생이 원하는 것이 무엇인지도 파악해야 합니다. 학생이 원하는 것을 무시하고 필요로 하는 것만 강요하면 오히려 심각한 부적응을 일으킬 수 있기 때문입니다. 학생이 필요로 하는 것과 학생이 원하는 것 사이의 적절한 타협을 찾을 수 있어야 합니다. 이 모든 과정에서 절묘한 기술과 전략이 필요합니다. 교사는 이러한 기술과 전략을 가진 전문가입니다. 하지만 이 기술과 전략은 학부모가 제공하는 정보, 그리고 가정이라는 또 다른 공간에서 학부모의 협력 없이는 무용지물입니다.

결국 학부모가 된다는 것은 교사와 함께 자녀를 교육한다는 것이며, 교사와 함께 자녀의 미래를 위해 공부하고 탐구하는 것입니다. 학부모는 학교에 자녀를 맡긴 사람이 아니며, 학교에 돈을 내고 원하는 교육을 구매하는 소비자도 아닙니다.

고슴도치 부모가
아이를 망칩니다

　"고슴도치도 자기 새끼는 예쁘다"라는 속담이 있습니다. 부모의 본성을 표현하는 말로 이보다 더 간결하면서도 의미가 명확한 말도 없을 겁니다.

　〈마더〉라는 영화가 있는데, 카피가 아주 섬뜩했습니다. "아무도 믿지 마. 엄마가 구해 줄게"였습니다. 영화 속 아들은 아주 착한 녀석은 아니고 이런저런 사고를 좀 저지르는 녀석이었습니다. 하지만 엄마는 아들의 선량함을 믿어 의심치 않고, 아들이 살인 피의자로 검거되자 무죄를 증명하기 위해 백방으로 뛰어다닙니다. 실제로 아들이 아무 죄가 없었기 때문에 해피엔딩으로 끝날 수 있었습니다. 하지만 저는 만약 아들이 정말 범인이라면 저 어머니는 어떻게 했을까 하는 생각을 지울 수 없었습니다. "엄마가 구해 줄게"는 할 수 있는 말이지만 "아무도 믿지 마"라는 말이 몹시 걸렸거든요. 그러니 저 엄마는 어떤 증거가 나와도 믿지 않고 끝내 자기 아들은 결백하다고 믿었을 것이며, 이는 결국 아들이 죄를 참회하는 일을 방해하여 판사의 정상참작 가능성을 줄여서 최악의 결과를 가져오고 말았을 겁니다.

실제로 학교폭력 사건 때문에 가해 학생 부모를 면담할 경우 이런 일을 자주 경험합니다.

"우리 아이는 정말 착하다. 개미 한 마리도 못 죽인다. 그런데 어떻게 사람을 괴롭히느냐? 뭔가 오해하시는 거다", "왜 한쪽 말만 듣고 그러시느냐? 우리 아이 입장도 헤아려 달라"에서부터 시작해 "일방적으로 가해자, 피해자 나눌 수 없는 상황 아니냐? 우리 아이도 피해 입은 것 있다" 정도는 애교입니다. 심지어 피해 학생에게 잘못을 뒤집어씌우는 적반하장까지 나타납니다. "저 애가 문제가 있는 것 아니냐? 우리 아이가 오죽했으면 그랬겠느냐?" 이런 식으로까지 나옵니다.

이렇게 되면 싸움에 끝이 없습니다. 피해 학생 부모도 가만있지는 않을 테니 말입니다. 이런 일이 일어나는 것은 바로 고슴도치도 자기 새끼는 예쁘다의 원리가 작동하기 때문입니다. 이걸 무작정 비난할 수는 없습니다. 일종의 진화의 흔적이니까요. 부모의 사랑은 어느 정도는 맹목적일 수밖에 없습니다. 우리 선조들이 지금보다 훨씬 위험한 환경에서 살았기 때문입니다. 위급한 상황에서 부모가 비용/편익 분석을 하려 든다면 자녀를 구하지 못할 겁니다. 그래서 앞뒤 물불 안 가리고 자녀에게 몰두하는 성향을 가진 부모가 그렇지 않은 부모보다 더 많은 자손을 낳았을 겁니다.

문제는 오늘날 우리가 살아가는 세상은 더 이상 그런 세상이 아니라는 겁니다. 이제 사람은 자연환경과 거기서 비롯되는 위험과 직접 대면할 일이 그리 많지 않습니다. 사람은 이제 사회적 환경과 대면하면서 살아갑니다. 자연환경에 직면할 경우에도 한 사람이 아니라 사회 조직의 한 구성원으로서 대면하게 됩니다. 따라서 아이들은 단지 한 사람이 아니라 다른 사람들과 함께 살아가야 하는 사회의 한 구성원으로 자라야 합니다.

자녀가 어른이 되어 성공적으로 살아가게 하려면, 우선 부모의 눈이 아니라 사회의 눈, 즉 객관적인 제3자의 눈으로 자녀를 평가하고 판단할 수 있는 자세가 필요합니다. 어렵고 고통스러운 일입니다. 세상에 자기 자식보다 더 예쁜 존재는 없습니다. 남들이 아무리 뭐라고 해도 내 새끼이고, 아무리 세상이 손가락질해도 착하디착하고 예쁘디예쁜 내 자식인 게 부모 마음입니다. 그런데 그 예쁜 자기 자식의 미운 점을 찾고 들춰서 봐야 한다니, 차라리 눈을 감아 버리고 싶을 겁니다. 아니면 아예 가치관을 바꿔 버리면서 인지부조화 상태에 빠져 버리던가요. 자식의 미운 점을 기준으로 말입니다. 이렇게 하면 부모의 마음은 한결 가벼워지겠지만, 막상 자식에게는 전혀 도움이 되지 않습니다. 자기 자신을 객관적으로 평가할 수 없게 되기 때문입니다.

자기 얼굴이 어떻게 생겼는지 알아보려면 거울을 봐야 하듯, 자신의 인품이 어떤지 자신의 행동이 바른지 바람직하지 않은지 알아보려면 다른 사람의 반응을 봐야 합니다. 이때 가장 결정적인 시기에 가장 많은 상호작용을 나눠야 할 부모로부터 객관적인 피드백을 받지 못하면, 마치 실제 얼굴이 아니라 포토샵된 얼굴만 보여 주는 거울을 보는 것과 마찬가지 상태가 됩니다. 결국 자기 자신에 대해 객관적으로 평가하지 못하고, 그런 평가가 내려지더라도 받아들이기보다는 감정적으로 받아들이는 독불장군이 되어 사회에 제대로 적응하지 못합니다.

우리는 자신을 객관적으로 판단해 주는 피드백 없이 무조건 떠받들어 주는 환경에서 자란 사람이 얼마나 큰 문제를 일으키는지 박근혜 전 대통령과 최순실 일가를 통해 확인했습니다. 그리고 그들의 인생이 끝내 불행한 결말을 맞이한 것도 말입니다. 자녀의 인생이 불행해지는 걸 바라지 않는다면, 그들이 부정적이고 비판적인 것을 포함한 객관적인 피드백을 받을 수 있게 해야 합니다. 만약 부모로서 자녀를 객관적으로 바라보는 게 어렵다면, 자녀를 객관적으로 바라볼 수 있는 위치에 있는 다른 어른들의 말을 귀담아들을 수 있도록 해 주어야 합니다.

고슴도치 부모를 경계하는 오래된 우화가 있습니다. 독수리와 부엉이의 우화죠. 살짝 줄거리를 말씀드리겠습니다.

옛날에 독수리와 부엉이가 친구가 되었습니다. 어느 날 부엉이가 독수리에게 자기 새끼 자랑을 했습니다. 자기 새끼들은 세상에서 제일 예쁘고 사랑스러운 새들이라고. 이 말에 감동받은 독수리는 부엉이 새끼들의 보호자가 되겠노라, 평생 그 새끼들을 지켜주겠노라 맹세했습니다.

그런데 며칠 뒤 독수리는 부엉이 새끼들을 몽땅 잡아먹었습니다. 너무 기가 막히고 분노가 치밀어 오른 부엉이가 독수리에게 따졌습니다. 하지만 독수리는 전혀 알아듣지 못했습니다. 도리어 이렇게 반문했습니다.

"난 당신 새끼를 잡아먹은 적이 없다. 어느 고목 속에 살고 있는 아주 못생기고 혐오스러운 새끼 새들을 잡아먹은 적은 있다. 나는 여전히 세상에서 제일 아름다운 새들인 당신 새끼들의 수호자다."

독수리의 말에 부엉이는 할 말을 잃었습니다. 결국 자기 새끼들을 스스로 죽인 셈이 되었습니다. 만약 자기 새끼들을 객관적으로 설명했으면 독수리가 이런 무서운 오해를 하지 않았을 겁니다. 하지만 부엉이는 자기 새끼들을 세상에서 제일 아름다운 새라고 말해서 독수리로 하여금 전혀 알아보지 못하게 했습니다. 사실 부엉이 입장에서는 허풍을 떤 게 아닙니다. 실제 부엉이 눈에는 그렇게 보였을 테니 말입니다. 결국 자기 새끼들을 부모의 눈이 아니라 객관적인 세상의 눈으로 바라보고 평가하지 못했던 부엉이는 그 어리석음 때문에 새끼들을 죽음으로 몰고 갔습니다.

이 우화가 단지 우화에 불과할까요? 그렇지 않습니다. 부모들에게 던지는 섬뜩한 경고입니다. 부모가 자기 자녀에게 도취되어 객관적인 평가와 판단을 하지 못하면, 결국 자녀가 그 피해를 고스란히 입게 된다는 함의가 들어 있습니다. 여기서 독수리를 세상, 사회로 보면 그 의미가 더욱 분명해집니다. 부모의 높은 자부심이 자녀를 힘들게 만들고, 심지어 인생을 망칩니다. 어쩌면 목숨까지도 잃게 만들 수 있습니다.

물론 세상에 부모보다 자녀를 더 사랑하는 사람은 없고, 부모보다 자녀를 더 잘 보살펴 줄 사람은 없습니다. 하지만 부모된 입장에서 자녀를 객관적인 눈으로 보기란 매우 어렵습니다. 그러다 보니 자녀의 단점까지도 장점으로 보이고, 고쳐야 할 문제가 오히려 자랑거리로 보일 수도 있습니다.

누구나 어느 정도는 고슴도치 부모일 수밖에 없습니다. 그래서 아이들을 마냥 부모에게만 맡겨두면 다른 사람들과 함께 살아가는

데 필요한 여러 가지 덕목을 갖추지 못한 버릇없는 아이가 되기 쉽습니다. 세계 어느 나라를 막론하고 문명사회라면 어린 나이 때부터 아이들을 부모 품에서 끌어내 제3자에게 교육을 맡기는 문화가 있는 까닭이 바로 이 때문입니다.

고대 스파르타인들은 여섯 살만 되면 아예 부모와 떨어져서 공동 생활을 하며 학교에 다녔습니다. 그 무시무시한 스파르타식 훈련을 받으면서요.

중국에서도 귀족이나 양반의 경우 어느 정도 말귀를 알아들을 나이가 되면 집을 떠나 좋은 선생님을 찾아 그 댁에 머물면서 공부를 하게 했습니다. 〈쿵푸 팬더〉를 보면 수많은 젊은이가 산꼭대기에 있는 도장에 머무르면서 스승인 씨푸를 아버지처럼 모시며 살고 있습니다. 군사부일체君師父一體라는 말이 괜히 나온 게 아닙니다. 어느 정도의 양육이 끝나면 스승이, 그리고 교육이 끝나면 임금(나라)이 바로 부모의 위치를 차지하는 것입니다.

우리나라도 마찬가지였습니다. 부모는 자식에게 기본적인 예절과 생활에 필요한 지식, 기능만 가르쳤습니다. 그리고 열 살이 되면 스승을 구해 내보냈습니다. 스승의 집 사랑방에 살면서 스승을 아버지처럼 공경하며 모시고 공부했습니다. 아버지가 매우 뛰어난 학자이거나 교육자일지라도 정작 자기 자식은 반드시 스승을 구해서 내보냈습니다. 《논어》에 나오는 말 그대로입니다.

젊은이는 집에 들어오면 효도로써 부모를 섬기고, 밖에선 어른을 공손히 섬기며, 언행을 가다듬어 남에게 믿음과 신의를 지키고, 널리 사람을 사랑하되, 어진 사람과 친하게 지내며, 이런 것들을 행하고 남은 힘이 있거든 학문을 할 것이다子曰 弟子 入則孝 出則弟 謹而信 汎愛衆 而親人 行有餘力 則以學文.

부모가 신경써서 맡아야 할 부분은 행유여력行有餘力 앞 단계까지입니다. 즉, 기본적인 예절과 인품을 갖추도록 하는 것입니다. 그리고 그게 어느 정도 되면 이제 스승을 찾아 내보내 공부를 시키는 겁니다. 이 말은 시간이 남으면 공부를 시키라는 뜻이 아닙니다. 오히려 공부를 시작하기 전에 먼저 바른 마음과 몸가짐을 갖추는 일이 중요하다는 것을 강조하는 겁니다. 그리고 이게 제대로 갖춰지지 않은 상태에서는 공부해 봐야 헛일이라는 말을 강조하고 있는 것입니다. 그래서 공자는 "먼저 바탕을 만들고 난 다음에 그림을 그린다繪事後素"라고 했습니다. 요즘 말로 하면 도화지나 캔버스부터 제대로 갖춘 다음 그림을 그린다고 말할 수 있습니다.

옛날 부모님들은 스승이 자식에게 못되게 굴거나, 제대로 가르치지 않을까 걱정하기보다 오히려 자식이 폐라도 끼칠까 봐 걱정했습니다. 때때로 공부하던 자식이 집에 오더라도 공부 이야기는 거의 꺼내지 않았습니다. "선생님 잘 계시느냐?", "너는 건강하게 잘 지내고 있느냐?" 정도를 물어볼 뿐입니다. 자식이 그렇다고 하면 그걸로 끝내는 경우가 대부분이었습니다. 한석봉 어머니가 아들을 꾸짖은 것은 공부를 안 해서가 아니라 약속한 날보다 훨씬 빨리 돌아왔기 때문이었습니다.

그래서 저는 우리나라에서 교육열이 가장 높은 동네라는 강남구 대치동을 과연 '교육 1번지'라 부를 수 있는지 의심합니다. 오히려 '반교육 1번지'라 불러 마땅하다고 생각합니다. 사실 저는 소위 강남구를 누구보다 잘 알고 있는 사람에 속합니다. 초·중·고는 물론 교사로 근무한 곳도 강남구였으니까요. 또 현재 살고 있는 곳 역시 대치동입니다. 제가 사는 아파트는 주차장에 외제차가 국산차보다 더 많은 곳입니다. 하지만 이런 곳에 살고 있는 아이들은 그리 행복해 보이지 않습니다. 부자유친의 모습을 찾아보기도 어렵습니다. 주말이나 되어야 무뚝뚝하고 지친 표정의 아버지들을 볼 수 있습니다. 어머니들은 뭔가에 쫓기고 있는 듯한 모습, 뭔가 짜증나거나 화가 난 모습이 많습니다.

제 이웃집들은 늘 소란스럽습니다. 파티를 하거나 아이들이 즐겁게 뛰어노느라 소란스러운 것이 아니라 부모와 아이가 고래고래 소리를 질러가며 싸우느라 소란스럽습니다. 학원에서 늦게까지 공부하고 오니 밤 11시, 12시가 넘은 늦은 시간에 싸우는 경우가 많습니다. 이 늦은 시간에 고래고래 소리를 지르며 싸워서 밤새 잠을 설치는 날도 하루이틀이 아닙니다.

왜 이렇게 싸우는 걸까요? 고슴도치에게 사자가 되라고 하고 부엉이에게 독수리가 되라고 하기 때문입니다. 실제로는 고슴도치인 아이가 부모 눈에는 사자, 아니 그 이상으로 보일 수 있습니다. 하지만 거기에 기대 수준을 맞추고, 또 그 기대 수준에 맞는 성취를 위해 온갖 자원을 투자하다 보면 언제나 아이에게 불만을 느낄 수밖에 없습니다.

부모가 기대하는 것은 결국 공부를 아주 잘하는 것인데, 그 기대가 경우에 따라서는 고슴도치인 자녀에게 물소나 얼룩말을 사냥하라는 요구가 될 수 있습니다. 고슴도치가 어떻게 물소나 얼룩말을 사냥하겠습니까? 그렇다고 고슴도치가 사자보다 열등한 것은 아닙니다. 고슴도치는 사자보다 뱀이나 곤충을 잡는 데 훨씬 뛰어납니다.

하지만 오직 얼룩말 사냥만 눈에 들어오는 부모에게 뱀이나 곤충 잡는 일은 눈에 들어오지도 않으며, 사자라고 믿고 있는 자녀가 할 만한 일도 아니라고 느껴집니다. 그러니 계속 더 많은 돈을 들여가며 물소, 얼룩말 사냥을 가르칩니다. 당연히 잘되지 않습니다. 그러면 더 많은 돈과 시간을 들입니다. 부모는 점점 돈이 많이 들어가니 미래가 불안하고, 자녀는 애초에 안 되는 일에 그토록 많은 시간을 들여야 하니 점점 고통스럽습니다. 그래서 대치동의 밤은 서로 상처로 소통하는 부모자식 간의 고함 소리로 시뻘겋게 물듭니다.

겪어 보셨겠지만 부모가 점수, 성적 이야기를 꺼내서 자녀와 좋게 끝나는 경우는 거의 없습니다. 마지막에는 반드시 서로 목소리를 높이면서 끝나기 마련이죠. 사이좋게 잘 나가다가 우연히 공부 이야기가 튀어나오면서 갑자기 부모자식 간에 분위기가 싸늘해지고 아이가 짜증을 내는 경우도 드물지 않습니다.

그런데 이상합니다. 집에서는 이렇게 공부, 성적을 빌미로 아이들을 쥐 잡듯이 하는 부모도 막상 아이가 학교에서 이런저런 잘못으로 야단을 맞거나 벌을 받으면 득달같이 달려옵니다. 그러고는 아이의 역성을 들어주다 못해 심지어 자기 자식 벌 덜 받게 하려고 거짓말까지 합니다. 정말 태연한 얼굴로 말입니다. 1990년대만 해도 학생이 뭔가 잘못하면 부모가 와서 하는 첫마디가 "폐를 끼쳐서 죄송합니다"였습니다. 하지만 요즘에는 "우리 아이가 그럴 리가 없다", "혹시 편견을 가지고 우리 아이를 본 것 아니냐?"라고 따지고 드는 경우가 많아졌습니다.

혹은 "우리 아이가 집에서 엄청나게 반성하고 후회하고 있어요. 밥도 못 먹고 고민하고 있어요. 용서해 주세요"라고 거짓말을 하기도 합니다. 심지어 실제로는 늦잠을 잔 건데 "우리 아이가 아파서 병원에 다녀와야 하니 지각을 하겠습니다"라고 거짓 전화를 걸기도 합니다.

모두 '고슴도치 내 새끼'의 폐단입니다. 내 자식의 가시를 객관적으로 바라볼 수 있어야 하는데, 내 자식의 것이라면 가시마저 아름답다고 생각합니다. 설사 그 가시가 문제를 일으키더라도 오히려 찔린 사람을 향해 원망의 눈길을 던지거나, 객관적으로 바라보아야 하는 사람이 그렇게 하지 못하도록 기만하고 속이는 것입니다.

이 시점에서 저희 부모님을 떠올려 봅니다. 부모님은 학교에 오시면 항상 겸손하고 조금은 죄스러운 모습을 하고 계셨습니다. 선생님과 면담할 때 꺼내는 첫 말씀도 "모자라는 제 자식을 맡겨서 죄송합니다"였습니다.

지금 돌이켜 생각해 보면 이 세상에서 저를 가장 과소평가한 분이 부모님이 아닐까 생각합니다. 처음에는 그게 몹시 서운했지만, 다시 생각해 보면 그렇게 볼 일이 아니었습니다. 만약 부모님이 세상에서 저를 가장 과대평가한 분이었다면 어떻게 되었을까요? 아마 아무것도 성취하지 못하고 그러면서 불만은 많고, 막상 도전해 성취할 의욕은 없는 하찮은 인간이 되고 말았을 겁니다.

학부모님들께서는 모쪼록 자녀를 있는 그대로 바라보실 수 있기를 바랍니다. 자녀의 장점을 많이 아는 것은 물론 중요합니다. 하지만 자녀의 단점을 많이 아는 것은 그보다 더 중요합니다. 만약 자녀가 자신감이 부족하고 스스로에게 지나치게 비관적이라면, 본인도 모르는 장점을 찾아서 일깨워 주는 것이 필요합니다. 하지만 자녀의 단점이나 약점 역시 분명하게 알고 있어야 합니다.

"칭찬은 고래도 춤추게 한다"라는 말이 있지만, 저는 믿지 않습니다. 정당한 칭찬이 고래를 춤추게 하겠죠. 더욱 나쁜 것은 거짓된 칭찬, 과장된 칭찬이며 그런 거짓되고 과장된 칭찬을 하다가 칭찬하는 사람이 거기에 스스로 도취되는 것입니다. 이렇게 도취되면 스스로 과대평가한 자녀와 자신을 등치시켜 버리고 맙니다. 자녀가 천재라고 믿는 마음속에는 자신이 천재만큼의 영광을 누리고 싶다는 욕망이 숨어 있습니다. 물론 본인은 평범한 사람입니다. 하지만 내 자녀가 천재라고 믿음으로써 자기 자신도 위대해진다고 믿습니다. 이제 자기 삶은 사라지고 오직 자녀의 성공에 자신의 모든 삶의 목적을 의존하게 됩니다.

이것은 작은 파시즘입니다. 파시즘은 자기 자신의 부족한 긍지를 국가나 민족과 같이 자기가 속한 공동체의 영광에 등치시키면서 등장했습니다. 파시즘의 광기가 다른 국가, 민족을 공격하고 파괴함으로써 자신의 국가, 민족의 영광을 구현하려 하다가 파멸했듯, 자녀에 대한 도취는 다른 사람의 자녀를 동료로 바라보지 못하고 멸절해야 하는 경쟁 상대, 적으로 보게 만듭니다. 이 무한 경쟁 사회를 만드는 동력이 어쩌면 자녀에게 자신을 등치시키는 고슴도치 부모들의 광기 때문이 아닐지 반문해 봅니다.

아이들에게는
위험할 권리가 있습니다

교육의 바탕은 사랑이라고들 합니다. 페스탈로치, 야누쉬 코르착 같은 위대한 교육자들의 가슴을 채웠던 것은 온통 아이들을 향한 사랑이었습니다. 그런데 야누쉬 코르착이 남긴 유명한 말은 "죽음이 아이를 빼앗아 갈지도 모른다는 두려움 때문에 우리는 아이를 삶에서 멀리 떼어 놓는다"였습니다.

무서운 말입니다. 아이를 사랑한 분이 아이의 죽음을 언급하다니요. 하지만 이 말의 참뜻은 아이의 죽음을 염두에 둔다는 게 아니라 아이에게 위험할 것이라는 두려움이 느껴지더라도 그것을 극복해야 비로소 아이에게 삶이 주어진다는 뜻입니다. 만약 죽음이 아이를 빼앗아 갈지도 모른다는 두려움을 부모가 넘어서지 못한다면 아이는 모든 것을 다음으로 미루게 될 것입니다. 이건 위험하니까 다음에, 이것도 지지, 저것도 지지. 여기에 익숙해진 아이는 결국 모든 것을 스스로 결정할 수 있는 나이가 되어도 아무것도 스스로 결정하지 못합니다. 위험을 무릅쓰고 주어진 경계 밖으로 고개를 내밀어 볼 용기가 자라지 않았기 때문입니다. 그런 아이는 삶에서 아무것도 배우지 못합니다.

존 듀이에 따르면 아무것도 배우지 못하는 삶은 사실상 삶이 아닙니다. 죽음에 대한 두려움을 없애는 가장 확실한 방법은 죽음 그 자체가 되는 것입니다. 생물학적으로 죽음은 어떤 변화나 운동도 없는 상태입니다. 활동이 없는 상태입니다. 결국 죽음에 대한 두려움 때문에 어떤 위험에도 아이를 노출시키지 않는 행위는 사실상 아이에게 죽음과도 같은 상태를 강요하는 것과 같습니다. 죽을지도 몰라서 죽이는 것입니다. 이때 부모는 말합니다. 아이를 사랑하기 때문이라고 말입니다.

하지만 사랑에 대해서도 다시 생각해 봐야 합니다. 사랑은 어떤 감정의 상태가 아니라 구체적인 행동이고 행위입니다. 내가 사랑의 상태에 있는 것이 아니라 누군가를 혹은 무엇인가를 대상으로 사랑을 하는 것입니다. 게다가 사랑은 나 홀로 뭔가를 하는 자동사가 아니라 어떤 대상이 필요한 타동사입니다. "나는 너를 사랑해"처럼 말입니다. "나는 너에게서 사랑을 느낀다"라는 말을 쓰는 경우도 간혹 있으나, 흔한 경우는 아닙니다. 따라서 사랑이란 사랑의 대상이 되는 상대방에게 무엇인가 어떤 행위를 하는 것입니다.

　그렇다면 사랑 이전과 이후에는 무엇인가 변화가 있어야 합니다. 그리고 그 변화는 상대방에게 긍정적인 것이어야 합니다. 스피노자는 이를 '기쁜 만남'이라고 표현했습니다. 만약 그 이후에 부정적인 변화가 발생했다면 슬픈 만남이 되겠죠. 사랑이란 두 사람의 만남을 기쁜 만남으로 만드는 과정입니다. 그렇다면 기쁨이란 무엇일까요? 자신의 역량이 확대되는 것을 느끼는 것입니다. 그것을 느낌으로써 자신에게 또 자신이 살고 있는 세상에 긍정적인 감정을 가지게 될 때 이것을 기쁨이라고 합니다. 따라서 기쁜 만남은 나와 상대방이 서로 성장하고 발전하는 만남, 그리고 그것을 서로 확인하고 자기 것으로 느낄 수 있는 만남입니다. 예컨대 라이벌들 역시 서로를 성장시키는 만남입니다. 하지만 라이벌들은 상대방의 역량이 확대되는 것을 자신의 것처럼 기뻐하지는 못합니다. 물론 만화에서는 껄껄 웃으며 "더 강해졌구나. 덕분에 네놈을 이겼을 때 더 즐거워져서 좋다" 이러는 경우도 있지만, 그건 어디까지나 만화 속의 설정이죠.

　두 사람의 만남을 통해 상대방에게 계속 부정적인 변화만을 안기면서 "사랑한다"라고 말한다면, 사랑하는 것이 아니라 스토킹이나 지속적인 학대입니다. 혹은 상대방에게는 변화가 없고 나에게만 긍정적인 변화가 있다면, 상대를 이용하는 것이며 착취하는 것입니다. 반대로 상대에게만 긍정적인 변화가 있고 자신에게는 변화가 없거나 부정적인 변화가 있다면, 그 사랑은 헌신적이긴 하지만 지속 가능하지는 않을 겁니다.

사랑한다는 것은 상대방의 역량, 역능이 확대되도록 함으로써 내가 기쁨을 느끼는 그런 행동을 하는 것, 그런 상태를 만드는 것입니다. 상대방의 기쁨이 나의 기쁨이 되는 그런 상태에 이르려고 하는 것입니다. 그렇다면 사랑하기 위해서는 우선 능력을 갖춰야 합니다. 사랑에도 자격이 있는 셈입니다. 실제로 사랑은 상대방의 역량, 역능을 확대시킬 수 있도록 도움을 줄 수 있어야 할 수 있습니다. 사랑의 대상을 더 좋은 상태로 만들어 줄 수 없는 사랑은 무력한 감정에 불과하며, 그 감정이 휘발되면 이내 무너지고 맙니다. 특히 남녀 간의 사랑이 그렇습니다. 불같은 열정에 앞뒤 가리지 않고 맺어진 남녀 커플의 끝이 행복한 경우는 우리의 기대와 달리 그리 많지 않습니다.

부모의 사랑은 이와 다릅니다. 부모의 사랑은 단순한 종족 보존의 본능이 아니라 도덕적 힘에 의해 지탱됩니다. 남녀가 사랑에 빠질 때는 열병 같은 강렬한 본능적 충동에 휩싸이지만, 갓 태어난 아이와 첫 만남을 하는 부모는 강렬한 감정에 이어 바로 굳건한 의무감과 책임감을 느낀다고 합니다. 그래서 부모의 사랑은 남녀의 사랑처럼 쉽사리 휘발되지 않습니다.

자녀를 사랑하는 것은 바로 자녀에 대한 의무와 책임을 다하는 일이기에 자녀에게 사랑의 감정을 많이 느끼는 것, 그것을 자주 표현하는 것만으로 이룰 수 있는 게 아닙니다. 의무와 책임을 다한다는 것은 자녀가 세상에 나아가 자기 몫을 할 수 있는 역량을 갖춘 성인으로 자랄 수 있도록 도와주어야 한다는 의미입니다. 이 의무는 이중적입니다. 1차적으로 자녀에 대한 의무이며, 또한 사회에 대한 의무이기도 합니다. 이 의무는 일방적인 것이 아닙니다. 어차피 사회 속에 있기에 생존할 수 있습니다. 그러니 사회에 장차 자신을 대신할 구성원을 제공해야 하는 것은 매우 공정한 교환입니다.

이 의무를 다하기 위해 부모는 아이를 감싸고 보호하기보다는 위험에 직면할 수 있도록 단련시켜야 합니다. 자녀가 위험에 직면할 수 있게 도와주려면 부모에게는 비판적인 시선이 필요합니다. 비판적인 시선을 주어야 아이의 약점이 보입니다. 만약 보지 못한다면 아이는 약점을 보완하지 못한 채 위험과 마주쳐 정말로 심각한 위험에 처하게 됩니다. 맹목적인 사랑이 오히려 아이를 잃어버리게 만드는 것입니다.

또 사람이든 사회든 비판적 시선이 없다면 어떠한 개선도 불가능합니다. 이 세상에 개선의 여지가 없을 정도로 완벽한 존재는 없습니다. 그렇기에 우리는 모두 문제가 되는 부분을 발견해 개선하면서 살아갑니다. 혹은 개선의 과정 자체가 삶입니다. 존 듀이가 말했듯이 끊임없이 환경과 상호작용하면서 성장 발전해 가는 것은 살아 있다는 증거입니다. 처음 상태를 계속 반복하는 것은 무생물의 특징입니다. 그런데 성장 발전하기 위해서는 '문제'를 발견해야 합니다. 문제가 발생해야 개선의 필요성을 느끼며, 개선의 대상과 방향을 잡을 수 있습니다. 그리고 문제를 발견하려면 비판적인 시선을 놓치지 말아야 합니다.

물론 문제를 발견하고 지적하는 게 일종의 악취미인 사람도 있습니다. 세상은 이런 사람을 '프로 불편러'라고 부르면서 조롱합니다. 프로 불편러는 말하자면 다른 사람을 불편하게 만드는 것이 업인 사람들입니다. 그래서 그들의 지적질은 비판적 안목에서 비롯된 것이라기보다는 어떻게 해서든지 불평을 하기 위한 트집 잡기에 불과합니다. 비판적 안목에서 비롯되는 문제제기는 지적질을 하는 것이 아니라 상대방의 성장과 개선을 분명한 목적으로 삼습니다. 그리고 상대방의 성장과 개선에 자기 일처럼 관심을 가집니다. 상대방의 성장과 개선을 함께 바라며 이를 위해 실제적인 행동을 하는 것, 한마디로 '사랑하는' 것입니다.

누군가를 사랑한다는 것은 결국 그 사람을 비판적인 안목으로 바라볼 수 있는 것, 그리고 그 사람에게 문제가 되는 것을 발견하고 어떻게 개선할까 함께 고민할 수 있는 것, 그리하여 함께 성장하고 발전하는 것입니다. 그런 사랑을 하려면 큰 용기가 필요합니다. 로미오와 줄리엣처럼 목숨을 거는 용기는 아닙니다. 사랑하면 으레 눈에 쓰인다는 콩깍지를 걷어낼 용기입니다. 사랑하는 사람의 어두운 면, 흠결, 문제를 외면하지 않고 바라볼 수 있어야 하기 때문입니다.

이 콩깍지는 마치 원래 눈꺼풀의 한 부분이라도 되는 양 원래 내 몸의 세포인 양 살 속 깊이 뿌리내린 채 착 달라붙어 있기 때문에 벗겨 내려면 엄청난 아픔을 감수해야 합니다. 누군가의 단점, 상처를 직시한다는 것 자체도 몹시 고통스러운 일입니다. 사람은 거울 뉴런을 가지고 있어서 마주 선 사람의 고통과 아픔을 그대로 느낄 수 있기 때문입니다.

저는 끔찍한 상처를 아무렇지도 않게 보고 만지며 핏물에도 개의치 않고 치료하는 의사를 존경합니다. 의사들은 이런 끔찍한 상황을 견디기 위해 되도록 환자를 다만 고쳐야 할 사물로, 여러 유기물로 합성된 어떤 유기체로 생각하는 훈련을 받습니다. 그래서 수술할 때 환부를 제외한 나머지 신체 부분이 보이지 않도록 덮어 둡니다. 하지만 아무리 훈련받은 의사라도 거울 뉴런을 가지고 있는 영장류의 본성을 넘어설 수는 없습니다. 눈앞의 사람이 느끼는 고통 앞에서 무덤덤하게 치료를 위한 조작을 할 수 있는 의사라면 전문가라기보다 차라리 사이코패스나 아스퍼거 환자에 가깝습니다. 훌륭한 의사는 훈련뿐 아니라 환자에 대한 사랑으로 이를 극복합니다. 진정으로 환자를 사랑한다면 단지 정서적으로 공감하고 몰입하는 것이 아니라, 오히려 객관적인 입장에 서서 환자의 문제를 발견하고 상태를 개선하기 위한 실질적인 조치를 할 수 있어야 하기 때문입니다. 따라서 환자를 사랑하는 힘이 클수록 의사는 냉정한 모습으로 환자의 몸을 찢고, 환부를 도려내고, 환자에게 일시적으로 고통을 줄 수 있는 각종 처치를 과감하게 할 수 있습니다.

이와 같이 사랑은 '냉혹해질' 용기를 필요로 합니다. 아이를 사랑한다는 것은, 그 아이가 더 나은 사람으로 성장하고 발전할 수 있도록, 즉 역량을 확장할 수 있도록 실질적인 조치를 하는 것입니다. 아이를 사랑할수록 아이에게 더 냉혹해질 수 있어야 합니다. 자녀를 진심으로 사랑하는 부모는 자녀를 마냥 편안하고 안전하게 두지 않으며, 아이가 원하는 대로 해 주지도 않습니다. 자녀를 진심으로 사랑하는 부모는 부모 없는 상태에서 살아가야 하는 자녀의 삶을 생각합니다. 부모의 품을 벗어나 불확실성과 위험이 지배하는 세상으로 나아가야 하는 자녀의 삶을 생각합니다. 그래서 되도록이면 부모 품 바깥으로 자녀를 밀어냅니다. 그리고 불확실성과 위험에 자녀를 노출시킵니다. 불확실성과 위험에 도전하는 용기가 없다면, 정체되고 찌그러진 나약한 인간이 되고 말 것이며, 그것은 사실상 삶이 아니기 때문입니다.

자녀를 사랑한다면 용기를 내야 합니다. 자녀를 고통스럽거나 위험한 상황에 기꺼이 내보낼 수 있는 용기를 내야 합니다. 아이를 감싸고, 아이에게 정서적으로 밀착하여 "아이구, 내 새끼" 하는 일은 차라리 쉬운 일입니다.

소설 『토지』에 "내가 너를 얼마나 아끼고 챙겨 주었는데 그러느냐?"라고 하소연하는 무능한 부모에게 "지 새끼 안 아끼는 부모가 세상에 어디 있다고 그걸 가지고 유세를 떠느냐"고 매몰차게 반박하는 딸이 나옵니다. 어떤 행위를 통해 상대를 위한 우호적이고 유리한 조건을 만들어 줄 수 없다면 그 사랑은 무력한 것이 될 수밖에 없습니다.

우리 모두의
아이여야 합니다

1990년대 중반 한 분유 회사의 "내 아이는 달라요. 특별하죠"라는 카피를 불편하게 느낀 적이 있었습니다. '내 아이'라는 표현이 거슬렸는데, 저만 그런 게 아니었던 모양입니다. '내 아이'라는 말이 어법상 실제로 사용되는 유럽에서도 야누쉬 코르착은 "당신은 '내 아이'라고 말한다. 하지만 그 아이는 당신의 아이가 아니다"라고 말했으니까요.

서양과 달리 '우리 아이'라고 말한다고 해서 우리가 특별히 덜 이기적인 것은 아닙니다. 이때의 '우리'는 내가 아닐 뿐, 가족의 범위를 벗어나지 못하니까요.

코르착이 '내 아이'가 아닌 '우리 아이'라고 말했을 때 그 '우리'가 가족이 아님은 분명합니다. 작게는 그 아이가 몸담고 살아가야 할 사회이며, 크게는 인류라는 종족, 나아가 지구, 우주일 수 있기 때문입니다.

자녀를 사랑하는 부모라면 그 아이가 자신들만의 아이가 아니라는 점을 늘 마음에 담아 두어야 합니다. 그 아이는 지역사회의 아이이며, 국가와 민족의 아이이며, 인류의 아이입니다. 새로 충원되어야 할 사회의 구성원이기도 합니다. 전체주의적인 발상이 아닙니다. 그 아이의 생존을 위해서도 매우 필요한 생각입니다. 사람은 사회적 동물이기 때문에 다른 사람들과의 관계가 없으면, 특히 자신이 몸담고 있는 사회 공동체에서 어떤 지위를 차지하고 역할을 담당하지 못하면 제대로 살아갈 수 없기 때문입니다. 바보라는 뜻의 영어 단어 'Idiot'은 고대 그리스의 공동체(폴리스)에서 제 역할을 하지 못하는 사람을 일컫는 말에서 비롯되었습니다.

사람은 생존에 필요한 자원을 획득할 때 특별한 경우가 아니면 개인 단위가 아닌 사회 단위로 획득합니다. 치타처럼 나 홀로 사냥해서 새끼들을 먹이는 일은 좀처럼 일어나지 않습니다. 사람은 혼자서는 생존하지 못합니다. 사람이 직면해야 할 환경은 1차적으로 자연이 아니라 사회입니다. 사람은 사회적 환경과 상호작용하며, 사회가 자연과 상호작용합니다. 사람은 사회에 적응하며, 사회가 자연에 적응합니다. 아무리 원시적인 사람이라도 항상 일정한 사회집단을 이루어 살고 있으며, 나름의 사회 체계에 따라 사냥, 채집, 농사,

혹은 최첨단 제품을 만들어서 살아갑니다.

사회가 개인들로 이루어지기 때문에 개인이 우선이라고 반문할 수도 있습니다. 하지만 이 개인은 단순한 개인이 아니라 사회 안에서 어떤 지위와 역할을 담당할 수 있는 구성원이라야 합니다. 한 개인이 사회에서 어떤 지위와 역할을 감당할 수 있는 구성원으로 인정받지 못한다는 것은 사실상 사형 선고입니다. 아리스토텔레스는 공동체 바깥에서 홀로 살아가는 사람은 인간 이상의 존재(신)이거나 인간 이하의 존재(짐승)라고 했습니다. 그저 개인이란 존재할 수 없는 것입니다. 사람은 사실상 자연을 거의 느끼지 않을 정도로 사회의 품 안에서 살고 있습니다. 거꾸로 사람은 홀로 자연에서 생존하는 것이 불가능한 존재가 되었습니다. 사회를 이룰 경우 지구상에서 최강의 동물이 되지만, 홀로 남는 경우 지구상에서 가장 나약하고 무력한 존재로 전락합니다.

사람의 아이는 결코 저절로 어른이 되지 않습니다. 반드시 사회의 구성원으로서의 자격을 갖춰야 합니다. 사자나 하마 따위의 동물은 어른 수컷들 마음에 드는 것만으로 사회의 구성원이 될 수 있지만, 사람은 어림없습니다. 먼저 사회의 규범과 문화, 그리고 기본적인 지식과 기능을 익혀야 합니다. 그리고 사회에서 주어지는 자신의 지위를 받아들이고 지위에 따른 역할을 수행할 수 있어야 합니다. 이때 그 지위와 역할의 할당은 개인의 필요와 요구보다는 사회 전체의 필요와 요구에 따라 결정되는 경우가 더 많습니다.

한 아이가 성장하여 사회에서 어떤 역할을 담당하는 것이 가장 바람직할지에 대한 선택권은 아이에게도 아이의 부모에게도 없습니다. 사회가 결정의 주체입니다. 어떤 지위를 가장 원하는 사람에게 부여하는 것보다, 그 지위에 맡겨질 역할을 가장 잘 수행할 사람에게 부여하는 것이 사회에 유리하기 때문입니다. 이런 식으로 지위가 부여되는 사회는 그렇지 않은 사회보다 더 효율적으로 작동해 결국 사회 구성원들, 개개인에게 더 이익이 됩니다. 물론 모든 사회가 이런 방식을 채택한 것은 아닙니다. 모든 아이가 똑같은 조건에서 성장하는 가운데 선택이 이루어지는 사회가 있는가 하면 특권에 따라 대물림되는 사회도 있습니다. 당연히 전자의 사회가 후자의 사회보다 더 발전하고 효율적이며, 결과적으로 더 강한 사회입니다. 따라서 인류의 역사가 진행되면 될수록 그런 사회가 더 많이 살아남고, 결국 대부분의 사회가 이런 방향으로 발전하게 될 것입니다. 실제로 특권층이 강고하게 남아 있는 문화와 제도를 가진 사회는 보다 평등하고 민주적인 사회에 밀려 점점 도태되고 있습니다.

부모 품 안에서 아이를 꺼내 교육기관에 보내는 것은 단지 그 아이를 행복하게 키우기 위해서만은 아닙니다. 부모님에게는 세상 누구보다, 심지어 자기 자신보다 더 귀중한 귀염둥이겠지만, 사회의 눈으로 보면 장차 어떤 역할을 담당해야 할 구성원입니다. 또한 어떤 역할을 담당하게 될지 아직 결정할 수 없는 가능성을 가진 존재입니다. 그리고 이 가능성은 일단 모든 아이가 동등하게 가지고 있습니다.

따라서 아이들은 태어난 환경, 양육되는 환경, 부모의 영향력이 가능한 한 배제된 똑같은 조건에서 교육받고, 평가되고, 선택되어야 합니다. 그래야 주어진 역할을 가장 잘 수행할 수 있는 아이들이 성장하여 그 자리에 배치됩니다. 또 장차 모두의 생존을 위해 때로는 위험하고 힘든 일도 감당할 수 있어야 하며, 자기 자신의 이익을 기꺼이 포기할 수 있는 존재로 자라야 합니다. 이런 자질과 태도는 나이를 먹는다고 저절로 몸에 배는 게 아닙니다.

그래서 합리적인 사회일수록 정교하고 엄격한 제도로 아이들을 교육합니다. 바로 사회가 직접 공공의 자원을 투입해 운영하는 공교육 제도입니다. 공교육 제도의 일차적인 목표는 자녀의 필요, 부모의 필요를 충족시키는 게 아니라 사회의 필요를 충족시키는 데 있습니다. 그렇지 않다면 왜 사회가 귀중한 공적 자원을 사용하여 어린 학생들을 무상으로 교육하겠습니까?

우리나라와 마찬가지로 미국에서도 극성스러운 중산층 학부모들이 있는데, 그들을 일컬어 '사커맘'이라고 합니다. 우리나라의 극성스러운 학부모는 어릴 때부터 아이들을 영어, 수학 학원으로 돌리는데, 미국의 극성 학부모는 축구장으로 돌리는 겁니다. 극성스런 학부모는 항상 자녀를 그 사회가 가치 있게 여기는 교육 활동에 집중시킵니다. 사커맘이라는 말이 있다는 것은 그만큼 미국 교육이 스포츠 활동, 그중에서도 단체 경기를 중요시한다는 점을 보여 줍니다.

그런데 미국 교육에서 축구보다 보편적인 운동 경기는 야구와 풋볼(미식축구)입니다. 미국 어린이들은 어릴 때부터 학교 혹은 마을의 야구팀이나 풋볼팀에 속해서 다른 마을과 시합하는 경우가 많고, 이 자체가 매우 중요한 교육으로 간주됩니다. 야구와 풋볼 경기를 미국의 국기國技라고 부를 정도로 강조하는 이유는 미국이라는 나라를 세우는 기초가 된 원초적인 가치가 진하게 깔려 있기 때문입니다.

그까짓 공놀이에 무슨 '나라의 가치'냐고요? 그렇게 우습게 볼 게 아닙니다. 야구에는 '홈런'이 있습니다. 이게 아주 독특한 규칙입니다. 대부분의 구기 종목은 공을 주어진 경계선 안에 떨어뜨림으로써 득점합니다. 경계 밖으로 나가면 문자 그대로 아웃이죠. 하지만 야구는 경기장 밖으로 공을 날리면 득점이 됩니다. 그것도 수비수들이 촘촘히 있는 쪽으로 날려야지, 수비수가 없는 쪽으로 날려서 밖으로 내보내면 반칙(파울) 판정을 받습니다. 홈런에는 난관(수비수)이 있는 쪽을 당당하게 공략해 경계, 한계를 넘으려는 열망이 담겨 있는 겁니다. 또 야구에는 '희생'이라는 접두어가 붙는 플레이가 있

습니다. 스스로 아웃 됨으로써 동료의 득점을 돕는 희생번트, 희생
플라이처럼 말입니다.

풋볼도 마찬가지입니다. 역시 공을 경기장 밖으로 가지고 나가는
터치다운을 해야 점수를 따는 경기입니다. 럭비의 트라이도 비슷하
지만 럭비는 패스를 뒤로 하면서 수비수를 피해 다니는 경기인 반
면, 풋볼은 앞으로 해서 정면 돌파를 시도하는 경기입니다. 경계를
확장하고 경계 너머로 나가려고 하는 초창기 미국인들의 가치관이
오롯이 반영된 경기라고 할 수 있습니다. 무엇보다 인상적인 것은
희생의 가치입니다. 풋볼 선수들 중 득점에 직접 가담하는 포지션
은 쿼터백, 와이드 리시버, 러닝백 등 5명입니다. 풋볼의 돌파는 쿼
터백의 긴 전진 패스를 와이드 리시버가 받거나, 쿼터백의 후방 패
스를 받은 러닝백이 공을 들고 달리는 방식으로 이루어집니다. 나
머지 6명은 라인맨입니다. 라인맨은 쿼터백이 패스를 할 수 있도록
상대 수비수로부터 보호하거나, 러닝백이 달려갈 수 있도록 공간을
확보하는 역할을 담당합니다. 한마디로 상대 수비수와 몸싸움을 하
는 자리입니다. 심지어 라인맨들은 경기가 끝날 때까지 공은 몇 번
만져 보지도 못하고 격렬한 몸싸움만 하는 경우도 많습니다. 카메
라에 잘 잡히지도 않고, 상대적으로 슈퍼스타가 되기도 어렵습니다.
하지만 라인맨들이 없다면 쿼터백은 패스를 하기도 전에 상대 수비
에게 잡혀 땅바닥에 쓰러질 것이고, 그럼 공격은 실패입니다.

경계 넘어서기, 위험 감수하기, 그리고 팀 전체를 위해 자신을 던져 희생하기. 이 세 가지 정신이 바로 미국의 고유한 운동경기인 야구와 풋볼의 바닥에 흐르는 것입니다. 그리고 그들은 어릴 때부터 이 경기를 팀을 이루어 함으로써 그 정신을 배우는 겁니다. 미국인들이 농구나 다른 종목에 비해 야구, 풋볼 선수의 스캔들에 훨씬 더 민감하게 반응하는 것은 이런 데에서 비롯된다고 볼 수 있습니다.

사실 미국 학생들은 우리나라 학생들보다 공부를 못합니다. 국제학업성취도평가PISA에서도 비교가 되지 않을 정도로 낮은 성취도를 보입니다. 하지만 미국이 인재가 부족해서 어려움에 처했다는 말은 들어 본 적이 없습니다. 왜 그럴까요?

사회 각 분야에서, 특히 거칠고 힘든 일을 맡아야 하는 사람들, 특히 소방관과 같이 다른 사람들을 위해 위험을 감당해야 하는 일을 하는 사람들이 존경받기 때문입니다. 아버지가 소방관이라고 믿고 있다가, 화재 경보 시스템 관리자에 불과하다는 것을 알게 된 아들이 실망한 나머지 "우리 아버지는 비겁해서 소방관이 될 수 없어"라고 말하는 영화 대사가 생각납니다. 우리나라 정서와는 참 다릅니다. 직접 불과 맞서 싸우는 소방관보다는 시스템 관리자가 더 좋은 직업, 더 좋은 자리로 느껴지는 풍토니까요.

그런데 생각해 보십시오. 모든 사람이 의사, 법조인, 회계사, 교수, 기업 경영인, 금융 매니저, 교사가 되고자 하고, 그런 직업을 얻지 못하면 패배했다고 생각하는 사회에 과연 활력이 있을까요? 인재는 공부를 잘하는 자리에만 필요한 것이 아닙니다. 사회에는 수많은 서로 다른 역할이 필요하며 저마다의 역할에는 그것을 가장 잘할 수 있는 인재가 필요합니다. 하지만 모두 공부하는 역할만 맡으려 들고 다른 역할에는 공부 경쟁에서 패배한 사람들이 이리저리 배치되는 사회라면, 과연 그런 사회가 힘을 낼 수 있겠습니까? 그리고 어떤 역할을 수행하는 자리에 오른 사람들이 그 역할을 사회 전체, 공공을 위한 봉사라고 생각하지 않고, 자신의 업적, 자신의 승리이자 권리라고 생각하는 사회가 힘을 낼 수 있을까요? 내 것이라는 말이 드물게 쓰이고, 우리라는 말을 많이 사용하는 우리나라가 오히려 내 것이라는 말의 원조 격인 미국보다도 공공에 대한 의식이 부족하다는 게 부끄럽기까지 합니다.

우리나라에서 영어, 수학 공부가 아니라 풋볼, 야구 같은 단체 경기 경력을 높이 평가한다고 가정해 보십시오. 감독이나 지도교사에게 온갖 항의가 쏟아질 것 같습니다. 왜 내 아이가 다른 아이가 득점하고 박수갈채를 받도록 몸을 던져 희생하고 다칠 수도 있는 위험한 플레이를 해야 하느냐, 왜 내 아이가 아니라 저 아이가 쿼터백이냐, 왜 내 아이가 4번 타자가 아니라 저 아이가 4번 타자냐, 왜 내 아이가 저 아이를 위해 희생번트를 대야 하느냐 등등.

우리는 명심해야 합니다. 경기의 목적은 팀의 승리이지, 내 아이의 성공이 아닙니다. 팀의 승리가 곧 구성원들의 영광이지, 내 아이 혼자 박수갈채를 받는 것은 의미 없습니다.

제가 중학교 3학년 때입니다. 당시 아버님이 국민은행 속초지점 장으로 계셨습니다. 덕분에 여름방학만 되면 가족 모두 속초로 내려가서 시원한 여름을 보내곤 했습니다. 낙산사는 가족의 단골 산책 코스였습니다. 그 시절 낙산사는 화재로 소실되기 전이라 지금보다 훨씬 그윽하고 아름다웠습니다. 관음굴 위에 자리 잡은 홍련암은 그때도 인기가 많은 기도처였습니다. 부모님은 독실한 불자였기 때문에 어김없이 관음보살에게 자식들을 위해 기도를 드렸는데, 어느 날 아버님의 기도를 듣고 놀랐습니다. 뜻밖의 내용이었기 때문입니다.

"우리 아이들이 나라와 민족에 보탬이 될 수 있도록 키워 주십시오."

그때 엿들었던 기도가 감수성 예민한 열여섯 소년에게 얼마나 큰 영향을 주었는지 모릅니다. 나를 단지 내가 아니라 나라와 민족의 나, 공동체의 나, 공적인 나로 생각하는 성향이 그때부터 생겼습니다. 그래서 대학교에 들어가 학생운동, 노동운동도 그렇게 열심히 했는지 모르겠습니다. 물론 아버님은 막상 그때 가서는 왜 하필이면 네가 나서야 하느냐 말리셨지만, 저는 나라와 민족에 보탬이 되게 해 달라는 아버지의 기도가 통한 거라고 대답했습니다.

이후 직업을 선택할 때도 저는 기자, 교사 외에 제가 돈을 벌거나 다른 사람 돈을 벌어주는 일자리는 아예 거들떠 보지 않았습니다. 제가 대인관계가 좋지 않고, 원만한 사회생활을 하지 못하고, 사방에 안티를 몰고 다니지만, 사사로운 욕심을 추구하지 않는다는 점만큼은 누구나 인정합니다. 심지어 저의 가장 강력한 안티조차도 "권재원의 말에 동의하지 않는다. 하지만 권재원이 자기 이익 때문에 그런 말을 한 건 아니다"라고 인정할 정도입니다. 낯 뜨겁긴 하지만 이건 꼭 자랑하고 싶었습니다. 그리고 이런 공적인 자아를 만들어 준 것은 저를 "내 아이"가 아니라 "나라와 민족의 아이"라고 생각했던 부모님입니다.

위대한 평민으로
길러 주세요

대학에 합격했을 때 일가친척 중 이른바 어르신들이 이구동성으로 하신 말씀이 있습니다.

"수고했다. 이제 공부를 잘해서 출세해야지. 양반은 행세行勢를 해야 양반이니까."

그분들은 서울대 합격을 조선시대 과거급제처럼 생각했음에 틀림없었습니다. 그래서 그분들 뇌리에 저의 장래는 고시 공부해서 판검사가 되거나, 박사과정까지 공부해서 교수가 되는 것밖에 없었던 것 같습니다. 물론 저는 박사의 길을 걸었습니다만, 교수가 아니라 교사입니다. 애석하게도 그분들에게 교사는 한낱 "선생질"에 불과했습니다.

제가 교사가 되겠다고 하자 나온 한결같은 말이 "참, 아깝다"였습니다. 그리고 제가 박사과정을 마칠 때까지 호구지책으로 "선생질"을 한 것이리라 나름 지레짐작들을 했습니다. 즉, 공부는 "행세"의 수단이었던 것입니다. 그분들이 아까워한 것은 저의 재능이나 도덕성 따위가 아니라 그동안 했던 공부, 그리고 공부에 들인 시간이었습니다. 겨우 "선생질" 하려고 그 많은 공부를 했냐는 거죠. 물론 저는 "선생질" 안 할 거면 뭐하러 그렇게 많은 공부를 했겠느냐고 생각하지만 말입니다.

그런데 저 행세라는 말은 무슨 뜻일까요? 사전을 찾아보면 "권세, 세도를 부림. 권력과 세력을 과시함" 등의 의미를 담고 있습니다. 그러니까 그분들이 생각하는 공부란 높은 자리, 귀한 자리에 올라가서 다른 사람들 위에서 그 권세를 과시하기 위한 수단에 불과했던 겁니다.

고리타분한 생각일까요? 그렇지 않습니다. 저 역시 마찬가지입니다. 말로는 "공부란 세상을 알아가고 세상에 기여하기 위한 것이지, 자기 자신을 높은 자리에 올리기 위한 것이 아니다"라고 떠듭니다. 하지만 막상 공부를 잘하는 학생이 기술 배워서 취업하고 싶다고 특성화 고등학교 원서 써달라고 하면 신중하게 생각해 보자고 만류한 뒤, 가정형편이 어려운 건 아닌지 조사할 테니까요. 저 역시 공부를 열심히 하면 '귀한' 자리에 가야 한다는 생각에서 자유롭지 않은 겁니다.

그러니 부모가 자기 자식이 귀하게 되기를 바라는 걸 비난할 수는 없습니다. 세상이 모두 귀한 사람만 사람 취급하는데, 어찌 자기 자식을 귀하게 키우고 싶지 않겠습니까?

문제는 '귀함'의 의미를 어떻게 사용하느냐입니다. 귀함이란 무엇일까요? '귀하다'에는 두 가지 의미가 있습니다. 하나는 훌륭함입니다. 다른 하나는 수가 적어 구하기 어렵다입니다. 즉, 훌륭하기 때문에 귀할 수 있고 매우 보기 드물기 때문에 귀할 수 있습니다.

위대한 예술가들의 걸작을 귀하다고 하는 것은 작품 자체가 훌륭하기 때문입니다. 반면 역사 유물들 중에는 숫자가 적어서 귀하게 여기는 것도 있습니다. '희귀하다'라는 말 자체가 '드물어서 귀하다'는 뜻입니다.

사람은 어떨까요? 오늘날 사람의 귀함을 가격으로, 즉 그가 받는 연봉이나 월급 등 보수로 드러내는 경우가 많습니다. 가령 스포츠나 연예계의 슈퍼스타가 연봉이나 개런티를 조금이라도 더 받아내려고 실랑이를 벌이는 경우가 있는데, 돈을 더 벌고 싶어서 그러는 게 아닙니다. 자기가 경쟁자보다 더 귀한 존재로 인정받고 있다는 것을 확인하려는 겁니다.

화폐경제가 발달하기 전에는 이 존중을 확인하는 장치로 의식, 전례, 조각상 같은 각종 상징물이 활용되었습니다. 고대 그리스인들은 서사시나 연극의 주인공으로 노래되거나, 기념비에 새겨지는 것을 영광으로 여겼습니다. 로마인들은 개선식 같은 행사, 풀잎관이나 월계관 같은 상징물에 목숨을 걸었습니다. 풀잎관은 군인들이 전장의 잡초를 어설프게 엮어 만든 것에 불과했지만, 로마인들은 이 존중을 받기 위해 기꺼이 목숨을 걸었습니다. 중세를 거쳐 근대 유럽까지 존중을 위해 목숨을 거는 일은 계속되어, 수많은 문학작품의 소재가 된 결투로 이어졌습니다. 자신의 존중뿐 아니라 몸담고 있는 분야의 존중을 위해서도 목숨을 걸었습니다. 모차르트를 평가절하했다는 이유로 쇼팽이 빅토르 위고에게 결투를 신청할 정도였습니다. 문학가가 음악을 존중하지 않았다는 생각에 음악가를 대표하여 모욕감을 느꼈던 것입니다. 우리나라나 일본에도 자신이 존중받지 못한다는 판단이 들면 목숨을 불사하고 맞섰던 사례가 많습니다.

이와 같이 사람들은 누구나 귀한 사람으로 존중받고자 합니다. 그렇다면 어떤 사람이 존중받을까요? 예술 걸작처럼 인간으로서 훌륭한 사람이 귀한 사람으로 존중받습니다. 그 인간으로서의 훌륭함을 철학자들은 미덕virtue이라고 부릅니다. 흔히 우리가 고결한 인격자, 위대한 인물, 인류의 스승 등으로 부르는 분들이 여기에 해당됩니다. 물론 우리 같은 보통 사람들은 그런 훌륭함에 이르지는 못합니다만, 누구든지 인격의 훌륭함의 정도에 따라 크거나 작은 존중을 받을 것이며, 존중받을 가치가 전혀 없는 인간은 많지 않을 것입니다.

이런 인간으로서의 훌륭함 때문이 아니라 그 사람이 가지고 있는 어떤 특성이나 기능이 워낙 희귀해 (물론 사회적으로 필요한 특성이나 기능이라는 전제 하에) 그런 사람을 구하기가 어려운 경우 역시 많은 존중을 받게 됩니다. 예컨대 시속 150킬로미터 이상의 공을 뿌릴 수 있는 왼손잡이 투수는 엄청난 연봉을 받으면서 귀한 몸 대접을 받습니다. 우선 시속 150킬로미터 이상의 강속구를 던질 수 있는 투수도 드물 뿐 아니라, 왼손잡이는 오른손잡이보다 더 드물기 때문입니다. 장원준, 차우찬, 양현종처럼 손꼽히는 왼손잡이 투수의 연봉은 10억 이상입니다. 이들이 실제로 인간적으로 훌륭한 미덕을 갖췄는지와 상관없이 연봉은 유지됩니다. 이들의 높은 연봉은 인간으로서의 훌륭함 때문이 아니라 야구 경기라는 사회적으로 유용한 영역에서 매우 희귀한 재능을 가지고 있기 때문에 받는 것이니까요.

이를 철과 다이아몬드에 비유할 수 있습니다. 철 1킬로그램의 가격과 다이아몬드 1킬로그램의 가격은 상상도 하기 어려울 정도로 차이가 큽니다. 그렇다고 다이아몬드가 더 귀한 자원이라고 하기는 어렵습니다. 쓰임새로 보자면 당연히 철이 더 귀한 자원입니다. 하지만 다이아몬드가 비싼 까닭은 매우 드물기 때문입니다. 우리는 철 1킬로그램은 금방 상상할 수 있지만 다이아몬드를 1킬로그램씩이나 모으기란 매우 어려운 일입니다.

그렇다면 자녀가 귀한 사람이 되길 원하는 학부모님들에게 질문을 던질 수 있습니다. 세상에 쓰임새가 많은 훌륭한 사람이라서 귀해지기를 원하시나요, 아니면 매우 희귀한 재능이나 자질 때문에 귀해지기를 원하시나요? 자녀가 철 같은 존재가 되길 원하시나요, 다이아몬드가 되길 원하시나요?

대답하기 어려우신가요? 공화주의 전통이 강한 유럽인들은 의외로 이런 질문에 쉽게 대답합니다. 우선 자녀가 생활인이자 건전한 시민으로 성장하기를, 즉 철 같은 존재가 되기 바라는 경우가 대부분입니다. 타고난 자질이 희귀한 다이아몬드 같은 아이에게 억지로 철이 되라고 강요하지는 않겠지만, 철처럼 흔하지만 유용한 사람으로 성장한다고 해서 실패한 인생처럼 생각하지는 않습니다.

철 같은 훌륭함 때문에 받는 존중은 존중받을 만한 가치가 있기 때문에 받는 것이라 절대적인 존중입니다. 다이아몬드 같은 존중은 상대적으로 숫자가 적기 때문에 받는 것이라 상대적인 존중입니다. 철 같은 사람을 존중하고 귀하게 여기는 세상은 모든 사람을 귀하게 여기는 세상입니다. 다이아몬드 같은 사람을 귀하게 여기는 세상은 다수를 멸시하는 소수의 사람들이 있는 세상입니다. 이들을 귀족이라고 부릅니다. 이들은 스스로 존귀한 것이 아니라 다수의 사람이 천하기 때문에 존귀합니다. 제도적으로 다수의 사람을 천한 지위로 못 박아 두고, 소수의 사람을 귀하게 존중하는 게 바로 신분제입니다.

우리나라와 일본, 중국은 오랫동안 신분제 사회였습니다. 중국의 신사紳士, 일본의 사족士族, 우리나라의 양반은 가문의 이름(성)을 가지고 있었고, 이를 근거로 가문이 없는 사람들, 즉 백성들의 존중을 받았습니다. 하지만 그 존중은 상대적인 것이기 때문에 이들이 존중받는 만큼 백성들은 무시당했습니다. 백성들은 성씨도 없었습니다. 성씨, 제사 같은 것은 모두 지배층의 상징이었습니다. 모든 사람이 성씨를 가지게 된 것은 근대화로 주민등록 제도가 실시되면서입니다. 그런데 한·중·일 3국의 성씨는 큰 차이가 있습니다. 중국이나 일본은 살고 있는 지역의 이름이나 특징, 혹은 종사하고 있는 일이 그대로 성이 되어 버린 경우가 많습니다. 우리나라는 그런 성씨가 거의 없습니다. 근대적인 민적법을 실시하면서 성이 없던 백성들이 대부분 양반 가문의 성씨를 선택했기 때문입니다. 덕분에 국민의 80퍼센트 정도가 양반의 후손이 되어 버렸습니다. 그래서 '보통 사람들'을 뜻하는 '상민'이 어느새 천한 사람을 가리키는 '상놈'으로 바뀌고, 양반이라는 말도 존칭이 아니라 "아이고, 이 양반아" 하는 식의 비칭이 되어 버렸습니다.

그런데 어떤 사회가 제대로 돌아가려면 국민의 80퍼센트 정도가 이른바 상놈들이 하는 일을 해야 합니다. 사·농·공·상 중 '사'가 80퍼센트인 나라, 그래서 일은 안 하고 행세나 부리려는 나라가 제대로 유지될 리 없습니다. 우리나라는 건실하게 번창하는 나라에 속합니다. 80퍼센트의 국민이 '사'가 아니라 '농·공·상'에 종사하고 있다는 뜻입니다. 문제는 자신이 '농·공·상'에 종사하는 것을 떳떳하게 받아들이고, 보람과 긍지를 느끼고 있느냐 하는 것입니다. 안타깝게도 그렇지 못한 것 같습니다. 그야말로 사회를 먹여 살리는 '생업'에 종사하는 분들이 자신이 사회를 먹여 살린다고 생각하는 게 아니라 자기 신분에 맞지 않는 천한 일을 하고 있으며, 자기 자식만큼은 이런 일을 시키지 않겠다고 생각하는 겁니다.

일본은 많이 다릅니다. 일본에서 가장 많은 성씨인 사토佐藤가 3퍼센트에 불과합니다. 그다음으로 많은 스즈키鈴木는 1.5퍼센트 정도입니다. 그래서 일본에는 무수히 많은 성씨가 있습니다. 이렇게 성씨가 많은 까닭은 자신의 생업, 거주 지역 등을 따서 성씨를 붙였기 때문입니다. 따라서 특별히 자기 집안이 사족이라고 뻐기는 가문은 없습니다. 일본인들은 다양한 성씨만큼 다양한 종류의 생업에 종사하며, 자기 신분에 맞지 않는 천한 일이라고 생각하는 경우도 드문 편입니다. 이런 사고방식이 '장인정신'으로 이어집니다.

물론 우리나라도 일본 못지않게 기술력이 강한 나라입니다. 그리고 훌륭한 장인들도 많습니다. 하지만 자신의 업적에 보람을 느끼고 대를 이어 일을 물려줄 생각을 하는 장인들로 이루어진 나라와 비록 지금은 손으로 하는 일을 하고 있지만 자식만큼은 공부를 시켜서 펜대를 굴리거나 교직에 진출하기를 바라고 있는 그런 장인들로 이루어진 나라, 어느 나라가 더 희망적이겠습니까?

　사실 어느 사회나 이른바 펜대 굴리는 자리는 많지 않습니다. 그런 자리가 적은 까닭은 그 정도만 필요하기 때문입니다. 그런데 자리의 숫자는 적은데 원하는 사람들이 많다 보니 어느새 귀한 자리가 되고 말았습니다. 일단 귀한 자리가 되자 그걸 근거로 더 많은 사회적 보수를 챙기게 되고, 그렇게 되자 원하는 사람들이 더 늘어나는 악순환이 일어났습니다.

　사실 진짜 귀한 자리, 그 자체로 쓸모 있는 일자리는 사회에 필요한 것을 생산하고 유통하는 일입니다. 어느 나라나 일자리의 대부분은 바로 이런 일 속에서 나옵니다. 천하기 때문이 아니라 그만큼 중요하기 때문에 많은 사람이 필요한 겁니다. 여러분의 자녀도 몇 안 되는 펜대 굴리는 자리를 찾아 장기 실업 상태, 구직 상태를 감수하지 않는 다음에야, 결국 이런 일자리에 종사할 수밖에 없습니다.

　우리나라가 생업과 관련된 일자리를 제대로 대접하지 않는 것은 사실입니다. 이런 분위기는 제도의 문제만은 아닙니다. 학부모님을 포함한 많은 사람이 이런 일자리의 가치를 인정하지 않으니, 그 견해가 모이고 모여서 사회적으로 그런 제도와 문화로 굳어 버린 것입니다. 이런 일자리에 쏟아지는 냉대와 홀대를 심각하게 생각하지도 않고, 반드시 개선해야겠다고 나서지도 않습니다. 그 일자리가 내 것이 아니며 우리 아이의 것이 아니라고 생각하기 때문입니다.

만약 그 일이 내 일이고 결국 우리 아이의 일이 된다는 것을 당연하게 받아들인다면, 현재 벌어지고 있는 생산적인 일에 종사하는 분들에 대한 모멸과 천대의 풍토는 거센 분노에 부딪칠 겁니다. 그리고 그분들이 존중받는 방향으로 제도가 바뀔 것입니다.

평민이 평민임을 자랑스럽게 여기는 사회에서는 평민이 귀하게 됩니다. 평민이 귀족을 귀하게 여기고 귀족을 선망하는 사회에서는 귀족이 귀하고 평민이 천하게 됩니다. 그리고 어느 사회나 귀족은 없거나 소수, 평민은 다수일 수밖에 없습니다. 그렇다면 다수가 스스로를 귀하게 여기고 존중을 요구하는 사회가 행복한 사회, 다수가 소수 중 하나에 끼기 위해 경쟁하는 사회는 불행한 사회가 될 수밖에 없습니다.

진정 자식이 귀하게 대접받길 원하신다면, 자식이 귀족이 되기를 바라기보다 평민이 귀한 대접을 받는 세상을 만드는 쪽이 훨씬 가능성 있고 보람된 일입니다. 여러분의 자녀는 평민이 될 가능성이 80퍼센트가 넘습니다. 그러니 스스로를 천하다고 여기는 평민이 아니라 존중받을 만한 가치가 있다고 여기는 평민, 위대한 평민이 될 수 있도록 길러 주십시오. 대한민국은 민주공화국입니다. 모두가 평민이 되어야 하는 나라입니다. 그러니 여러분의 자녀를 위대한 평민으로 길러 주시고, 우리나라를 위대한 평민의 나라로 만들어 주십시오. 그것이 자녀를 위해 부모가 할 수 있는 가장 훌륭한 선물입니다.

학부모란
공부하는 부모를 말합니다

"교육에 관심을 가져 주십시오."

왜 이런 말을 하는 걸까 하고 의아하게 생각하실지도 모르겠습니다. 우리나라는 전 세계적으로 교육열이 높기로 유명한 나라이니 말입니다. 오바마 대통령도 걸핏하면 한국 학부모의 교육열을 언급하지 않았습니까? 하지만 정말 간곡하게 또 과감하게 말씀드립니다. 부디 교육에 관심을 가져주십시오.

그동안 너무 지나쳐서 과열됐다는 말까지 들었던 그 관심은 무엇이냐고 묻는 분들도 계실 겁니다. 딱 잘라 말씀드리자면, 그중 대다수는 교육에 관한 관심이 아니었습니다. "교육과 관련된 관심"이라고 한다면 맞을지도 모르겠습니다. 이는 재테크에 관한 관심과 경제에 관한 관심이 다른 것과 마찬가지입니다. 왜 그런지 조금씩 따져 보겠습니다.

우리나라 학부모의 교육열이 높아 보이는 현상 자체가 바로 교육에 대한 무관심의 증거입니다. 교육열이 높은 것과 교육에 관심이 많은 것은 별개의 일입니다. 어떻게 보면 좀 의외라고 느껴질 수도 있습니다. 예를 한 번 들어 보겠습니다. 축구인들이 항상 하는 말이 "국가대표 경기나 월드컵에만 관심을 주지 말고 국내 축구에 좀더 많은 관심을 부탁드립니다"입니다. 올림픽에서 펜싱이나 핸드볼이 금메달을 따면 이구동성 반복되는 말이 "무관심 속에 일궈낸 값진 성과"입니다. 대체 이게 어찌 된 일일까요? 화제로 많이 삼는 것과 관심이 많은 것은 전혀 다르기 때문입니다.

올림픽 메달리스트에 관한 대화가 만발한다고 해서 우리나라 사람들이 스포츠에 관심이 많은 게 아니며, 월드컵 때 길거리 응원으로 인산인해를 이룬다고 축구에 관심이 많은 게 아닙니다. 평소 스포츠 활동을 하는 사람이 많고, 스포츠 경기장마다 관중들이 꽉꽉 들어찰 때 스포츠에 관심이 많다고 할 수 있습니다. 여기서 스포츠를 교육으로, 올림픽이나 월드컵을 대학입시로 바꾸면 제가 무슨 말을 하고 있는지 쉽게 이해하실 수 있을 겁니다.

그럼 교육에 관심 있다는 것은 대체 어떤 것일까요? 우선 '관심'이라는 말부터 풀어 보겠습니다. 관심은 한자로는 마음을 연결 짓는 것입니다. 영어의 'interest' 역시 이와 비슷하여, 그 사이에 존재하는 것을 관심이라고 합니다. 어떤 남학생이 어떤 여학생에게 관심이 있습니다. 그럼 그 남학생은 제일 먼저 그 여학생에 대해 궁금한 것이 많아지고 더 많이 알고 싶어질 겁니다. 그런데 왜 알고 싶어질까요? 그저 호기심을 충족하기 위해서는 아닐 겁니다. 그 여학생과 관련한 어떤 행동을 하고 싶기 때문입니다. 그렇지 않고 그저 보기만 한다면 그건 관심이 아니라 관조에 불과하죠.

연예인에게 관심이 많은 청소년이 있습니다. 이 청소년은 그 연예인의 인기가 더 늘어나길 바라며, 그러기 위해 자기 나름대로 무언가 하려고 하며, 기회가 되면 실천할 의사가 있습니다. 또 그 연예인이 잘되기를 바라기 때문에 현재 어떤 상태인지 더 알고 싶어 합니다. 이렇게 인식과 실천이 상호작용하면서 우리 삶이 개선되고 진보하는 것이겠죠.

그렇다면 우리나라 사람들의 높은 교육열은 정말 교육에 관심이 많아서 그런 걸까요? 관심이 많다면 교육에, 교육 체제에, 학교에 알고 싶은 게 많을 겁니다. 그리고 우리나라 교육이 더 잘되도록 어떤 실천을 하고 싶을 겁니다. 한국 교육, 학교가 어떤 식으로 개선되고 좋아졌으면 좋겠다고 나름대로 고민도 하고 말입니다. 그런데 정말 그럴까요? 자녀가 다니는 학교를, 또 그 학교가 포함된 한국의 공교육 체제를 가능하면 많이 알고자 하고, 개선을 위해 크건 작건 간에 실천을 할 용의가 있는 분들이 과연 얼마나 될까요?

이렇게 대답하는 분이 계실지도 모르겠습니다.

"교육 체제니 학교 체제니 하는 큰 문제는 잘 몰라요. 하지만 적어도 우리 아이에 대해서는 잘되기를 바라고, 또 우리 아이의 교육에 대해서는 알고 싶어요. 그렇다면 적어도 교육이 아니라 자녀 교육에는 관심이 많은 것 아닌가요?"

그럼 저는 다시 되물어 보겠습니다.

"그렇다면 자녀를 더 많이 알고자 노력했습니까? 부모님께서 생각하시는 교육, 부모님께서 생각하시는 행복하고 성공적인 삶의 경로를 자녀에게 요구하기 전에 자녀가 무엇을 할 수 있고, 무엇을 좋아하고, 어떨 때 웃고, 어떨 때 슬퍼하는지 알고 계십니까? 그리고 교육이 자녀를 더 행복하고 성공적인 삶으로 이끌기 위해 무엇을 제공하고, 어떻게 이루어져야 하는지 고민해 보신 적 있으십니까?"

아마 이 정도로 고민해 보신 분들은 많지 않을 겁니다. 다만 우리 아이가 장차 성공하지 못할 것 같고, 뒤처질 것 같아서 남들이 하는 것, 남들이 선택한 경로를 강박적으로 따라가는 경우가 더 많을 겁니다. 물론 그 과정에서 우리나라 학부모들이 헌신적이고 열정적이라는 것은 인정합니다. 문제는 자녀를 향한 열정은 있으나 자녀 그리고 교육에는 관심이 없다는 겁니다. 우리 아이가 혹은 우리 국가 대표 팀이 이기는 건 원합니다. 그런데 학교가, 공교육 제도가 혹은 국내 스포츠 경기가 어떻게 하면 발전할지에는 관심도 없고, 참여할 의사도 없습니다. 이건 마치 월드컵 응원의 열기가 축구에 관한 관심으로 발전하지 못하는 것과 같습니다.

우리가 자녀 교육에 관심을 기울이는 까닭은 결국 자녀의 미래가 성공적인 인생이 되기를 바라기 때문일 것입니다. 그런데 성공은 열심히 한다고 해서 다가오는 게 아닙니다. 성공에는 여러 조건이 있습니다. 그 조건을 고려하지 않고 그저 열심히만 하면 시쳇말로 '삽질' 하는 것입니다. 교육은 바로 이런 조건을 조성해 주는 것입니다. 그리고 노력은 학생들 스스로 하는 것이죠. 어른들은 이 조건을 조성해 주는 것 이상을 할 수는 없습니다. 억지로 시킬 수도 없고, 하겠다는 아이를 억누를 수도 없습니다.

문제는 이 조건이 시대에 따라, 사회에 따라, 또 학생 개개인의 특성에 따라 달라집니다. 따라서 교육을 하기 위해서는, 즉 성공적인 인생으로 가는 노력의 조건을 마련해주려면 시대에 대해, 사회에 대해, 학생에 대해 탐구해야 합니다. 마르크스는 이걸 「포이어바흐에 대한 테제」에서 "교육자도 교육되어야 한다"라고 멋들어지게 표현한 바 있습니다.

그러니 교육에 관심이 많은 부모라면 이런 탐구를 게을리 하지 않습니다. 우리 사회, 더 나아가 국제 사회의 현실과 전망에 관해 부지런히 정보를 모으고 탐구합니다. 우리 사회, 더 나아가 국제 사회, 지구 사회가 더 좋은 곳이 될수록 내 자녀가 좋은 삶을 살 가능성도 커지기 때문에 관련 활동에도 많은 관심을 가지고 참여합니다. 만약 이런 데는 관심이 없고, 내 자녀의 성공만 맹목적으로 바란다면 그건 관심이 아니라 강박일 겁니다.

교육에 관심이 많은 부모는 자녀와 많은 대화를 나눕니다. 특히 자녀의 관심사와 즐거움과 슬픔에 대해 많은 이야기를 나눕니다. 더 나아가 우리 아이뿐만 아니라 모든 아이들, 즉 학생 일반에 대한 공부도 게을리 하지 않습니다. 모든 학생이 행복한 세상이라면 내 아이가 행복해질 가능성도 그만큼 커질 테니까요.

하지만 많은 부모님들이 자녀의 내면에도 또 자녀가 살아가야 할 세상에도 관심이 없으십니다. 그러면서 그저 치열한 경쟁, 학력만이 살길이라고 강조합니다. 이렇게 가장 중요한 것을 모르고 있고, 또 알려 하지 않는데 무슨 관심이 있다고 할까요? 이건 자녀에게 자신의 인생 방정식을 강요하는 것이지, 결코 자녀의 성공에 관심을 가지는 것이 아닙니다. 물론 우리 학부모님들은 자녀 교육을 화제로 많은 이야기를 하십니다. 하지만 많이 이야기한다고 해서 관심이 많다고 말할 수는 없습니다. 관심은 곧 공부입니다. 그리고 공부가 곧 관심입니다. 그러니 다시 한 번 간곡히 부탁드립니다. 교육에 관심을 가져 주십시오.

교사는 수업을 통해,
부모는 삶을 기울여 가르칩니다

"더 이상 공부를 열심히 하고 싶지 않아요."

어느 날 학업 성적도 우수하고 학생회 임원이기도 한 모범생 A의 입에서 이 말이 튀어나왔을 때 잠시 귀를 의심했습니다. 폭탄선언이나 다름없었죠. 그런데 이유를 듣고 보니 저절로 고개를 끄덕이게 됐습니다.

"부모님은 공부를 열심히 하신 분이에요. 그런데 별로 행복해 보이지 않아요. 공부라는 걸 열심히 한 결과가 저런 거라면, 공부는 해서 뭐하나 하는 생각이 들어요."

A의 부모님은 공부를 최고로 잘한 엘리트였습니다. 아버지는 우리나라 굴지의 종합병원에서 실력을 인정받고 있는 의사이며, 어머니는 철학박사로 서울 시내에 있는 대학에서 동양학을 가르치는 교

수였습니다. 한눈에 봐도 공부를 열심히 하는 삶의 전형 같은 분들이었습니다.

하지만 A가 바라본 부모님의 삶은 행복과는 거리가 멀었습니다. 아버지는 언제나 극심한 스트레스에 시달리고 있었으며, 스트레스를 술로 풀 때가 많아서 가족과 마찰이 잦았습니다. 어머니 역시 논문 실적 등의 과업에 쫓기는 경우가 많았으며, 공감과 배려보다는 날카롭고 비판적인 언사를 잘 쏟아내 자신은 물론 다른 가족에게까지 상처를 주곤 했습니다.

그러면서도 A의 부모님은 늘 "공부를 열심히 해야 잘살 수 있다. 공부를 잘하지 않으면 제대로 살기 어렵다"라고 말했습니다. 하지만 영특한 A는 "대체 잘산다는 게 뭐지? 지금 부모님은 잘살고 있는 것일까?"라는 의문을 멈출 수 없었습니다. 자신의 눈에 비친 부모님의 삶은 결코 잘사는 것처럼 보이지 않았기 때문입니다. 더구나 부모님이 말하는 잘사는 삶은 너무 멀리 떨어진 미래라서 감을 잡을 수도 없었습니다.

아이들에게는 친구들과 노는 것, 맛있는 것, 먹는 것 등 지금 당장의 욕구를 충족시키는 게 잘사는 것인데, 이런 걸 미룬 채 목표로 삼아야 하는 잘사는 미래는 너무 아득히 있습니다. 아득히 먼 미래는 예측하기 어렵습니다. 먼 미래를 예측하기 어려울 때는 배워야 합니다. 잘사는 것이 어떤 것인지 배워야 하고, 미래에는 어떻게 살아야 잘사는 것인지 예측할 수 있는 도구도 익혀야 합니다. 하지만 우리나라 학생들은 이런 것을 배울 수 있는 기회가 별로 없습니다.

학교 생활기록부에는 진로지도 내용을 쓰는 항목이 있습니다. 벌써 거기서부터 틀렸습니다. 생활기록부 훈령에 따르면 반드시 구체적인 직업명으로 기록해야 합니다. 가령 '자신의 이익보다 공동체의 가치를 위해 헌신하는 삶' 이런 식으로 장래희망을 쓰지 말라는 겁니다. 심지어 '의사'라고 기록하지도 말고 '내과 의사', '외과 의사' 이런 식으로 쓰라고 합니다. 우리나라 교육이 진로교육을 어떻게 바라보는지 여실히 확인할 수 있습니다. 어떤 삶을 살 것인지, 어떻게 잘살 것인지 준비하는 시간이 아니라 미래의 직업을 선택하는 것을 진로교육이라고 생각하는 것입니다.

실제로 아이들에게 이른바 장래희망을 물어보면 하나같이 특정 직업을 대답하거나 잘 모르겠다고 합니다. 어떤 종류의 삶을 살고, 어떤 가치를 구현하며, 어떤 방식으로 행복해지겠다는 식의 대답은 절대 나오지 않습니다. 삶의 방향, 가치, 행복관이 없는 상태에서 특정 직업을 자신의 장래라고 말하는 상황이니 당연히 그 이유도 편협합니다. 돈을 잘 벌어서, 폼이 나니까 등입니다. 하지만 다 피상적인 말들이며 아이들이 간절히 바라는 바도 아닙니다.

그런데도 어른들은 아이들에게 하기 싫은 공부를 강요하며 '장래'를 거론하고 잔소리를 합니다. 잔소리와 억압을 "장차 잘살기 위해" 받아들여야 할 일종의 필요악이라고 정당화합니다. 미래의 행복을 위해 현재의 고통을 감내하라고 합니다. 하지만 정작 아이들은 어떻게 사는 것이 잘사는 것인지에 대해 충분히 배우고 생각한 경험이 없습니다.

그래서 아이들에게 거의 유일한 준거는 부모님이 사는 모습입니다. 자기가 보기에 부모님이 행복하게 잘살고 있다고 여겨진다면 부모님이 살았던 궤적을 그대로 밟으려고 할 겁니다. 반대로 그다지 행복해 보이지 않고, 부모님 스스로도 불만스러워 보인다면 절대 그렇게 살려고 하지 않을 겁니다.

제가 중고등학교에 다니던 시절에는 많은 여학생이 "엄마가 너무 헌신적이고 고맙기는 하지만, 나는 절대 엄마처럼 살지 않을 거야"라고 말하곤 했습니다. 우리 어머니 세대가 남존여비에 따른 봉건적 여성 억압의 마지막 세대였기 때문입니다. 남편과 자식에게 모든 것을 다 바치고 자신에게는 아무것도 남지 않은 어머니가 대단하기도 하고 고맙기도 하지만, 다른 한편으로는 안타깝기도 했던 겁니다. 이처럼 부모님은 아이들에게 가장 강력한 준거입니다.

19세기에 "장남 중에 큰 인물 나기 어렵다"라는 말이 있었습니다. 그때만 해도 장남은 가업을 이어야 해서 부모라는 준거를 자기 뜻에 따라 선택하거나 거부할 수 없었기 때문입니다. 하지만 차남은 그런 부담에서 자유로웠기 때문에 부모라는 준거가 마음에 들지 않으면 다른 삶을 선택할 수 있었습니다. 그리고 그 시대는 격변의 시대였기 때문에 부모가 보여 주는 삶의 준거는 대체로 낡은 것이었습니다.

오늘날 우리가 살아가는 세상은 19세기보다 더 넓고 복잡하며 빠르게 변하고 있습니다. 그러니 아이들에게는 부모 외에 훨씬 더 다양한 준거가 필요합니다. 이웃의 어른일 수도 있고, 학교 선생님일 수도 있고, 한 번도 만난 적 없지만 혹은 먼발치에서 바라보았지만 존경하는 당대의 인물일 수도 있고, 또 위인전이나 문학작품, 역사책 등을 통해 알게 된 과거의 인물일 수도 있습니다.

그럼에도 불구하고 부모는 아이들에게 가장 중요하고 근본적인 준거입니다. 이때 부모가 보여 주어야 하는 것은 구체적인 직업, 경력이 아닙니다. 삶의 태도입니다. 직업이 뭐가 되었건 간에, 자신의 직업에 임하는 태도, 그리고 일, 가족, 자기 자신 사이의 균형을 맞춰가며 행복하게 살아가기 위해 노력하는 모습 같은 것입니다. 그모습을 보면서 아이들은 배웁니다.

보는 것만으로는 부족합니다. 이야기를 나누어야 합니다. 부모가 먼저 잘산다는 것이 무엇인지 깊이 성찰하고, 이와 관련해 자녀와 많은 이야기를 나누어야 합니다. 부모가 바라는 잘사는 삶에 자녀가 동의한다면, 자녀는 설사 그 삶을 위해 현재의 욕망과 행복을 유보하고 심지어 고통을 감내해야 하는 상황이 올지라도 기꺼이 받아들일 겁니다. 하지만 동의하지 않거나, 심지어 그와 관련된 어떤 이야기도 나누어 본 적 없는 상태에서 무작정 먼 훗날 잘살기 위해 지금 이 고역을 받아들이라고 강요한다면 외적인 강제, 즉 폭력적인 방법이 아니고서는 불가능할 것입니다.

하지만 부모가 직업, 가족, 자기 자신 사이에서 균형을 맞추지 못하고, 어디에도 만족하지 못하는 모습을 보여 준다면, 아이에게 부정적인 준거로 자리 잡고 맙니다. 남들이 보기에 아무리 하찮은 직업에 종사하더라도 그 속에서 즐거움을 느끼며 행복해하는 부모를 보며 자란 아이는 장차 어떤 직업에 종사하더라도 행복하게 살 준비가 되어 있습니다.

가장 나쁜 것은 "이렇게 해야 잘산다"라고 강요하는 대신 "이렇게 하지 않으면 못산다", 즉 "이렇게 해야 겨우 산다"라고 말하는 겁니다. 그러면서 잘못된 예로 자신의 삶을 드는 것입니다. "너 공부 안 하고 그러면 나중에 엄마 아빠처럼 이렇게 된다"라는 식의 협박성 말 말입니다. 의외로 이런 말씀을 많이들 하십니다.

그런데 여기서 잠깐 삶의 발걸음을 멈추고 생각해 봐야 합니다. 단지 그럭저럭 먹고사는 게 삶의 목표인 부모가 자녀에게 어떤 준거를 제공할지 말입니다. 사실 인간은 먹고사는 것만으로는 절대 행복하게 살 수 없습니다. 생계에는 전혀 지장이 없는 가운데, 특별한 직업도 직책도 없이 살아가는 경우를 상상해 보십시오. 어떤 분들은 우아한 백수야말로 인생의 목표라고 하지만 과연 그런 삶이 가치 있고 행복할까요? 우리는 이런 삶을 몇 년이나 견딜 수 있을까요?

그러니 부모님들은 자녀에게 일을 통해, 노동을 통해 행복할 수 있는 삶의 모습을 보여 주셔야 합니다. 또 시민으로서 공적인 문제에 참여함으로써 행복해하는 삶의 모습도 보여 주셔야 합니다. 아울러 예술이나 기타 창조적인 활동을 하면서 행복해하는 삶도 좋은 본보기가 됩니다. 한나 아렌트는 이 셋을 묶어서 "인간의 조건"이라고 했습니다. 이 셋은 결국 인간의 삶 그 자체입니다. 부모는 자신의 삶을 기울여서 자녀에게 행복을 가르쳐 주는 그런 존재가 되어야 합니다. 그 행복은 삶으로부터 자유롭기 때문에 누리는 것이 아니라 삶 그 속에 있기 때문에 누리는 것입니다. 아이들은 바로 그 행복을 배워야 합니다.

교직에 종사하다가 퇴직하신 분들이 농담 반 진담 반으로 하시는 말씀이 있습니다.

"등산도 하루이틀이지. 영화도 하루이틀이지."

학교에 근무할 때는 주말을 손꼽아 기다리게 하던 등산 같은 취미활동조차 막상 아무 일도 하지 않게 된 은퇴 이후에는 지긋지긋해진다는 말입니다. 그래서 하루하루 살아가는 게 점점 힘들어진다고 합니다. 더군다나 이렇다 할 활동적인 취미생활마저 없다면 삶이 얼마나 더 괴롭겠습니까?

언젠가 인천공항 철도를 탔다가 깜짝 놀랐습니다. 노인들이 너무 많았습니다. 처음에는 요즘은 노인들도 외국 여행을 이렇게나 많이들 다니는구나라고 순진하게 생각했습니다. 그런데 다시 보니 이분들이 아무런 짐 없이 맨몸인 겁니다. 여행과 아무 상관 없는 분들이었습니다. 이렇다 할 취미도 없는 분들이 무임승차 제도를 이용해 공항철도를 타고 공항까지 왔다 갔다 하며 시간을 보내는 것이었습니다.

참으로 안타까웠습니다. 사실 노인들은 앞으로 살 날이 젊은이들보다 훨씬 적게 남은 분들입니다. 그러니 노인일수록 시간은 희소한 자원입니다. 그런데 막상 이 노인들의 삶은 어떻게든 아무 목적 없이 얼마 안 남은 시간을 써버리는 일의 반복이었습니다.

이분들이 자신들의 노후를 이렇게 상상했을까요? 그렇지 않을 겁니다. 고된 노동과 빡빡한 직장생활을 하는 사람들 중 "지금은 이렇게 힘들어도 은퇴만 하면~"으로 이어지는 꿈을 꾸지 않은 분들이 얼마나 되겠습니까? "지금은 바빠서 시간이 없지만, 시간만 나면 ~을 할 수 있을 거야"라는 장밋빛 꿈은 또 얼마나 많이 꾸었습니까? 그런데 막상 그 시간이 생기자 어떻게든 그 시간을 탕진하려고 의미 없이 기차를 타고 왔다 갔다 하고 있는 자신을 발견하게 된 겁니다.

왜 이렇게 된 걸까요? 행복하게 사는 방법을 익힌 적이 없기 때문입니다. 행복하게 사는 방법을 익히는 길은 하나밖에 없습니다. 직접 행복하게 사는 것입니다. 하지만 우리나라에서는 어릴 때부터 훗날의 행복을 꿈꾸며 오늘의 고통을 감내하는 방식의 삶을 강요받는 경우가 많습니다. "나중에 잘되기 위해", "나중에 잘살기 위해" 지금 당장은 하기 싫은 공부를 꾹 참고 해야 한다는 말에 길들여져 살아왔습니다.

고등학생 때 봤던 TV드라마인가 영화인가에 이런 장면이 있었습니다. 부모가 중학교 1학년 아니면 초등학교 6학년 무렵의 아들에게 "어린것이 무슨 연애냐? 공부 열심히 해서 대학 잘 들어가면, 그때 여자친구도 사귀고 연애도 하는 거다"라고 꾸짖는 겁니다.

"연애는 대학 가서 하는 것."

1980년대에 중고등학생이었던 분들이라면 아마 누구나 암묵적으로 요구받았던 공식일 겁니다. 심지어 남녀 학생이 같이 빵집에 가면 경우에 따라 교칙으로 처벌받던 시절이었으니까요.

문제는 "대학에 가면 그때 하는 것"으로 미뤄야 하는 일의 목록이 엄청나게 많았고, 학년이 올라갈수록 목록의 길이도 점점 길어졌다는 것입니다. 요즘에는 중고등학생들이 문학이나 인문사회학 책을 읽는 게 칭찬받을 일이지만 그 시절에는 야단맞을 일이었습니다. 독서 역시 대학 가서 하는 것이었습니다. 교과서와 문제집만이 중고등학생이 잡아야 할 책이었죠. 악기를 배우고 싶어도 음대에 진학할 게 아니라면 대학 들어간 뒤에 마음대로 할 일이었고, 시나 소설을 쓰는 것도 마찬가지였습니다. 이른바 기대받는 대학의 서열이 높을수록 나중에 가서 할 일의 목록은 더 길었습니다.

이렇게 나를 행복하게 만들어 줄 활동을 대부분 봉인하고, 대학 입학 이후로 미룹니다. 그리고 중학교, 고등학교 도합 6년을 교과서 외우고 문제집 푸는 공부로 꽉 채워야 했습니다. 그렇게 해서 대학에 들어가면 그제야 그동안 꽉 봉인해 두었던 것을 풀어놓을 수 있었습니다.

그런데 막상 대학에 가자 할 수 있는 일이 아무것도 없었습니다. 어떻게 살아야 잘사는 것인지, 어떤 삶이 행복한 삶인지, 기쁨이란 무엇인지도 생각할 수 없었습니다. 그냥 잊어버린 것 같았습니다. 대학만 들어가면 내 맘대로 할 수 있는 자유를 꿈꾸며 지옥에 있는 것처럼 공부했건만, 막상 대학에서도 할 수 있는 게 공부밖에 없어서 결국은 계속 공부하는 친구들도 수두룩했습니다. "대학에 들어가면"이라는 단서로 삶을 행복하게 만들 수 있는 수많은 것을 뒤로 미루고 고역에 가까운 공부를 했건만, 막상 대학에 들어가자 자신이 뭘 원하는지, 어떨 때 기쁘고 행복한지 기억이 없어 전혀 감을 잡지 못한 겁니다.

행복은 이런저런 조건이 갖춰지면 저절로 온다고 생각했지만, 행복이란 것 자체가 행복해지기 위한 의식적인 노력의 결과라는 것,

행복해지는 것 역시 공부하고 연습하고 익혀야 한다는 것을 간과했던 겁니다. 행복해지는 연습을 하지 않은 사람은 행복의 조건이 다 갖춰진 상태에서도 행복을 찾지 못합니다. 그리고 이 연습은 당연히 감수성이 예민하고 엄청난 발달이 이루어지는 청소년기에 하는 게 가장 좋습니다. 청소년에게 가장 중요한 공부는 바로 행복을 연습하는 것입니다. 사소한 일에도 어른보다 훨씬 예민하게 행복을 느낄 수 있는 나이니까요. 이렇게 중요한 공부를 봉인해 버리고 대학 입시 이후로 미뤄 버린다면, 결국 인생에서 누릴 수 있는 행복의 대부분을 느끼지 못하게 됩니다.

갑질 문화, 허세 문화, 폭음 문화도 여기서 비롯된 게 아닐까 싶습니다. 저마다 다양한 방법으로 행복을 추구하는 연습이 되어 있지 않다 보니 약한 사람에게 군림하는 것으로, 허세를 부리는 것으로 즐거움을 얻으려는 겁니다. 그마저도 어려울 경우에는 가장 손쉬운 쾌락인 음주와 유흥으로 얼마 되지 않는 여가시간을 탕진해 버립니다.

자녀가 장차 어떤 삶을 누리길 바라십니까? 열심히 살아가긴 하는데 만족을 모르고 쫓기는 삶을 살기 바라십니까, 소소한 일에도 기쁨을 느끼면서 행복하게 살아가기를 바라십니까? 자녀가 행복한 삶을 살아가기를 바라신다면, 미래의 행복을 지금부터 누리도록 해주십시오. 그들이 타고난 나름의 성향에 따라 행복을 느낄 수 있는 기회를 지금 가질 수 있도록 해 주십시오.

가장 좋은 방법은 부모님이 현재 자신의 삶에서 행복을 누리는 모습을 보여 주는 것입니다. 벌이가 적어도 좋고, 지위가 높지 않아도 좋습니다. 더 많은 소득과 더 높은 지위를 위해 노력해도 좋고, 세상 자체를 더 좋게 바꾸기 위해 분투해도 좋고, 이도 저도 아닌 현재에 만족하며 안빈낙도를 해도 좋습니다. 다만 이 모든 활동이 즐겁고 행복해야 하며, 자녀에게 그렇게 보여야 합니다.

"장래희망이 뭐냐?"라는 질문에 "부모님 같은 사람이 되겠습니다"라는 대답이 나오도록 하는 것이야말로 최고의 교육입니다. "부모님처럼 살지는 않겠어요"라는 대답이 나오거나, 부모 스스로 "너는 열심히 공부해서 이렇게 살지 말아라"라고 말하는 상황이라면 이미 그 교육은 절반은 망하고 시작하는 것입니다. 교사는 수업을 통해 가르치지만 부모는 삶을 기울여서 가르칩니다.

기대가 클수록 제대로
대접해야 합니다

한 미국 영화에서 어떤 부모가 대학생이 된 아들에게 성대한 기숙사 입소식을 해 주는 장면을 보았습니다. 특이한 게 기숙사까지 아들을 태워주고 짐을 날라준 부모의 자동차가 캠핑카였습니다.

아들의 기숙사 방이 모양을 갖추고 이삿짐을 모두 옮기자 부모는 이렇게 말했습니다.

"자, 이제 우리는 너한테서 해방됐으니 그동안 미뤘던 대륙 횡단 여행을 떠날 거야. 오랫동안 못 보겠구나. 건강하게 잘 지내거라."

그리고 뒤도 돌아보지 않고 캠핑카를 몰고 사라졌습니다. 아들도 그런가 보다 할 뿐, 쫓아 나가 손을 흔드는 등의 배웅은 없었습니다. 기숙사 방에서 "조심하세요" 하면서 볼 키스 한 번씩 나누고는 끝이었습니다.

너무 냉정하고 야박해 보였을까요? 저렇게 냉정하고 야박한 환경에서 살아가는 미국의 학생이 혹은 부모가 참 불쌍하다고 느껴졌을까요? 그럴 리가요. 저는 그들이 너무 부러웠습니다. 물론 미국의 부모가 다 그런 건 아닙니다. 미국 부모들도 간섭할 만큼 간섭하고, 자식의 결혼 문제, 직장 문제 다 개입합니다. 〈죽은 시인의 사회〉에서는 오히려 저 장면과 정반대로 완고한 아버지의 고집 때문에 끝내 아들이 스스로 목숨을 끊고 마는 비극이 나옵니다. 두 영화 모두 배경은 미국입니다.

사실 자식을 떠나보낸다는 게 쉬운 일이 아닙니다. 저는 때때로 피 한 방울 안 섞인 학생들조차 무척 어렵게 졸업시킵니다. 그래서 3학년 2학기가 끝날 무렵이면 일부러 학생들을 사무적으로 대하고 거리를 둡니다. 졸업식에도 가능하면 최소한의 시간만 머무릅니다. 정을 떼는 것이죠. 간혹 특별히 더 애착이 가는 학생들이 있습니다. 그런 학생들이 졸업할 때는 눈물이 쏟아지기도 합니다.

제가 애석하다고 해서 아이들더러 마냥 중학생으로 남아 있으라고 할 수는 없습니다. 때가 되면 떠나고, 더 큰 하늘을 향해 날아가는 것이 그들의 운명이며 의무니까요. 물론 졸업하는 아이들도 꽤 서운해하면서 언제나 다시 찾아올 것처럼 말합니다만, 대부분 3~4년 정도 지나면 연락이 끊어집니다. 그럴 줄 알기 때문에 아이들을 내보내는 제 마음은 더욱 허전합니다. 남의 자식들도 그러할진대,

하물며 자신의 피를 섞어 낳은 자식들이야 오죽하겠습니까?

영화 예를 하나 더 들어 보겠습니다. 영화음악으로도 유명한 〈시네마 천국〉입니다. 주인공 토토는 더 큰 꿈을 찾아 시칠리아를 떠나 로마로, 다시 미국으로 갑니다. 그동안 토토는 어머니는 물론 정신적 지주나 다름없었던 알프레도를 한 번도 찾지 않았습니다. 그러다가 알프레도의 부음을 듣고 장례식에 참석하기 위해 30년만에 고향에 돌아옵니다.

알프레도가 너무했다고 생각하시나요? 그러나 당시에는 흔한 일이었습니다. 지금은 선진국이라고 불리지만 20세기 초반 이탈리아와 아일랜드는 유럽에서 가장 가난한 나라였습니다. 그래서 이탈리아와 아일랜드의 청년들은 일자리를 찾아 대서양을 건너야 했습니다. 이탈리아인들은 아르헨티나로 많이 갔고, 아일랜드인들은 미국으로 갔습니다. 비행기가 아니라 시속 20킬로미터로 이동하는 배를 타고 대서양을 건너던 시절입니다. 한번 건너가면 다시 돌아오기 힘든 길입니다. 주머니에는 건너가는 뱃삯 외에는 무일푼인 경우가 대부분이었습니다. 일단 대서양을 건너면 성공하기 전에는 고향으로 돌아가지 못했습니다. 이런 길을 가슴이 찢어지더라도 참고 보내주는 것이 부모의 마음입니다. 영화 〈브루클린〉에서 어머니는 딸이 아일랜드에 남아서 함께 살기를 바라지만, 미국으로 떠나는 딸을 끝내 막지 못합니다. 가진 것 없는 부모가 마지막으로 줄 수 있는 가장 값진 선물을 한 셈입니다.

우리나라를 비롯 동아시아에서도 비슷했습니다. 윤봉길 의사는 "장부는 집을 떠나 뜻을 이루기 전에는 살아서 돌아오지 않는다"라고 말하고 집을 떠났습니다. 조국이 자주독립하기 전에는 죽어서야 돌아오겠다는 것인데, 부모님 얼굴을 다시 보지 않겠다는 말과 다를 바 없습니다. 하지만 젊은 자식이 품은 뜻이 크고 아름답다면, 기꺼이 품에서 놓아 주어 멀리 날아가게 해 주는 것이 바로 부모의 도리입니다. 중국 역사상 가장 위대한 시인으로 이름을 남긴 이백은 가슴의 푸른 꿈을 안고, 등에는 큰 칼을 짊어지고 고향을 떠났습니다. 그렇게 떠난 나이가 스물다섯, 나중에 고향에 돌아온 나이는 쉰넷입니다. 아마 그의 부모는 스물다섯 넘은 아들의 얼굴을 몇 번 보지 못했을 겁니다.

날 수 있게 된 새들이 둥지를 떠나듯이 나이가 찬 자녀는 부모를 떠납니다. 시간의 차이가 있을 뿐, 자식이 부모를 떠나는 것은 자연의 섭리입니다. 그리고 새들이 다시는 어미새의 둥지로 돌아오지 않듯, 일단 품을 떠난 자식의 눈은 바깥을 향합니다. 부모는 항상 자식의 행적에 시선이 따라가지만, 저 하늘을 날아가는 자식들은 그런 부모의 시선에 관심조차 없는 경우가 많습니다.

물론 자식들이 부모에게 무관심하게 구는 것을 칭찬할 필요는 없습니다. 실제로 노부모를 잘 모시고 챙기는 자식들도 많습니다. 그런데 우리는 그런 자식을 효도한다고 칭찬합니다. 이게 도덕적 칭찬의 대상이 된다는 것 자체가 자식이 부모를 떠나는 것이 자연의 섭리임을 보여 줍니다. 사람은 자연의 섭리를 극복하고 의지에 따라 옳다고 판단한 행동을 할 수 있는데, 그게 바로 도덕입니다. 아주 떠나는 게 섭리인데, 떠난 다음에도 살뜰하게 부모를 챙겨 주니 도덕적인 칭송을 받는 것입니다.

사실 자식을 놓아 준 부모님들이 만년에 자식으로부터 보답받을 가능성이 더 큽니다. 자식들이 부모님에게 가장 고맙게 생각하는 것들 중 하나도 바로 잘 떠나 보내 주었던 것이기 때문입니다. 반대로 끝까지 자식을 자기 품에 움켜쥐고 붙잡았던 부모가 만년에 자식과 거리가 멀어질 가능성이 큽니다. 어느 순간 그 움켜쥐는 힘이 약해지기가 무섭게 자식은 용수철처럼 튀어나가 버릴 테니까요.

부모가 자신의 가슴 한켠이 찢어지는 것을 감수하고 자식에게 크고 넓은 세상을 선물하는 것. 이 선물은 쉽지 않습니다. 이게 쉬웠다면 가장 큰 선물이라고 불리지 않았겠죠. 그만큼 어렵기 때문에 큰 선물입니다.

그런데 이 이별이라는 선물이 꼭 자녀를 집 밖으로 내보내거나, 외국으로 보내거나, 10년이 넘도록 얼굴을 보지 않는 것을 뜻하는 건 아닙니다. 중요한 것은 물리적인 이별이 아니라 정신적인 이별입니다. 심지어 한집에서 같이 살더라도 아름다운 이별은 가능하니다. 자식을 부모의 보호와 관리 하에 있다고 보는 대신 독립된 성인으로, 부모와 동등한 자격의 동거인으로 인정해 주는 것이 바로 정신적인 이별이며 아름다운 이별이며 크나큰 선물입니다. 때때로 어머니들보다 아버지들이 장성한 자식과의 관계 설정에 애를 먹는 경우를 봅니다. 어머니들은 장성한 자식과의 수평적 관계를 맺는 데 익숙하지만, 아버지들은 여전히 자식들을 자신의 통제 아래 두려고 하기 때문입니다. 다 자란 딸과 어머니는 친구가 되지만, 아무리 딸바보 아버지라도 일단 딸이 장성하면 빈번하게 갈등을 빚는 이유이기도 합니다.

때때로 부모님들이 고등학생쯤 되는 자녀를 꾸짖을 때 "옛날 같으면 시집, 장가가서 애 하나씩 낳았을 나이인데, 그거 하나 스스로 못하냐?"라고 말하는 것을 듣습니다. 그때마다 이런 말씀을 드리고 싶습니다. 만약 그런 말로 꾸지람을 하신다면, 자식들을 시집, 장가가서 애 하나 낳은 어엿한 독립된 세대주처럼 대접해 주시라고. 자식들에 대한 보호, 통제를 놓고 품에서 내보내 주시라고. 그럼 자식들은 시집, 장가가서 애 하나씩 낳았을 어른다움을 보여 줄 것입니다.

만 18세로 투표 연령을 낮추자는 법안이 거론되는 시절입니다. 그들이 현재 부모님과 함께 지내는 것은 어디까지나 같은 공간을 공유하고 있는 것이지 품안에, 슬하에 있는 것이 아님을 인정해 주십시오. 그럼 자식은 그 큰 선물을 평생토록 간직하고 보답할 것입니다.

2부

공부
생각

학습도
노동입니다

〈응답하라 1988〉이라는 드라마가 인기를 끌었습니다. 그 드라마를 보면 마치 1988년은 지금보다 훨씬 여유로운 시대였던 것처럼 보입니다. 학생들도 입시 부담 없이 재미있게 혹은 빈둥거리며 지내는 것처럼 보입니다. 과연 그랬을까요? 전혀 그렇지 않습니다. 제목부터 확 와 닿는 〈행복은 성적순이 아니잖아요?〉라는 영화가 바로 그 시절에 나왔으니까요. 이 영화는 같은 제목의 베스트셀러 소설을 거의 그대로 영상으로 옮긴 것이며, 원작 소설 역시 완전 픽션이 아니라 실제 있었던 사건을 재구성한 것입니다. 제목도 실제 자살한 학생의 유언에서 따왔습니다.

사실 영화 내용은 아주 뻔합니다. 과중한 입시 부담 때문에 고통받던 여고생이 성적으로 끊임없이 압박을 가하는 부모의 압력에 못

이겨 결국 "행복은 성적순이 아니잖아요?"라고 절규하면서 스스로 목숨을 끊고 말았다는 슬픈 이야기죠.

이 영화를 보고 당시 얼마나 많은 청소년이 눈물을 흘리고, 얼마나 많은 선생님이 가슴 아파했는지 모릅니다. 그 무렵 깃발을 올렸던 전교조의 "이 아이들을 어찌할 것인가?"라는 외침도 이와 무관하지 않고, 실제로 당시 교육운동가들은 "행복은 성적순이 아니잖아요?"라는 말을 구호로 자주 사용했습니다. 이 무렵 '입시지옥'이라는 말도 널리 쓰였습니다. 그러고 보면 요즘이나 30년 전이나 별로 달라진 게 없는 것 같습니다.

그럼에도 불구하고 〈응답하라 1988〉 속 학생들의 모습은 참으로 여유롭고 넉넉해 보입니다. 그러나 그 시대 학생들이 여유롭다기보다는 요즘 학생들이 그만큼 더 각박하게 생활한다고 보는 게 맞는 것 같습니다. 적어도 그 시절에는 사교육 문제는 없었으니까요.

그 시절에 사교육 문제가 없었던 까닭은 아예 법으로 금지되어 있었기 때문입니다. 입시학원이 있긴 했지만 어디까지나 재수생을 대상으로 하는 곳이었고, 재학생은 어떤 형태의 학교 밖 교과수업 (과외라고 통칭했습니다)도 받을 수 없었습니다. 재학생이 학원에 다니거나 과외를 받는 게 발각되면 학생은 학교에서 퇴학당하고, 학부모는 직장에서 해고당할 정도로 엄격하게 금지되어 있었습니다.

있는 집에서는 남몰래 대학생을 집에 불러 1:1 과외를 시켰는데,

시키는 쪽이나 와서 하는 쪽이나 위험 부담이 컸기 때문에 위험수당이 잔뜩 붙어서 상당히 비쌌습니다. 1:1 과외는 대학생들 사이에서는 '몰래바이트'라 불리는 고액 수입의 원천이었습니다. 얼마나 고액이었냐 하면 1987년을 기준으로 일주일에 두 번 두 시간씩 과외를 하면 한 달에 20만 원을 받았습니다. 당시 9급 공무원 초임과 맞먹는 돈을 한 달에 여덟 번, 도합 열여섯 시간 과외를 하고 받아가는 겁니다. 요즘 같으면 월 150만 원~200만 원씩 주고 과외를 시키는 건데, 이 정도의 지출을 감당할 수 있는 학부모는 그리 많지 않았습니다.

그런데 이렇게 사교육이 없는 시대에도 고등학생들이 고3병을 앓을 정도로 힘들어 했던 까닭은 무엇일까요? 학교에서 들들 볶았기 때문입니다. 그 시절 고등학교의 일반적인 일과는 7시 30분까지 등교해서 30분간 자율학습을 하고, 8시에 1교시를 시작해서 오후 6시까지 일곱 시간의 수업과 두 시간의 보충수업을 받는 것이었습니다. 보충수업은 대부분 선행학습으로 이루어져서, 국영수는 2학년이 끝날 무렵 이미 고등학교 3년간의 과정을 모두 마치고, 3학년 때는 아예 1년 내내 문제풀이 연습만 하는 게 보통이었습니다. 그렇게 저녁 무렵에나 수업이 끝나는데, 그렇다고 집에 갈 수 있느냐 하면 그건 아니고, 저녁을 먹고 다시 밤 10시까지 추가 보충수업이나 야간 자율학습을 해야 했습니다. 아침 7시 30분부터 밤 10시까지 어마어마한 장시간 학습노동에 시달렸다는 점에서 학교와 학원이라는 장소만 다를 뿐 요즘 아이들과 마찬가지였습니다. 아무리 잔업 특근에 시달리는 노동자라 하더라도 이 정도는 아니었을 겁니다.

　시험도 자주 쳤습니다. 요즘처럼 중간고사, 기말고사만 치는 게 아니라 매달 국영수만 치르는 시험이 있었고, 사이사이에 모의고사도 있었습니다. 그래서 기말고사를 볼 때쯤 되면 국영수는 이미 그 학기의 여섯 번째 시험인 경우도 드물지 않았습니다. 이렇게 매달 치는 시험과 모의고사 점수는 1등부터 꼴등까지 정확하게 한 줄로 석차가 나왔고, 심지어 그 석차를 학교 벽에 게시하기까지 하였습니다. 주로 전교 1등부터 100등까지 게시했는데, 자기 이름이 어디쯤 있나 다른 친구들 이름은 어디쯤 있나 눈에 불을 켜고 찾았습니다. 자연스럽게 경쟁심리가 발동할 수밖에 없었습니다.

　선생님들의 신체는 물론 언어 폭력도 심각했습니다. 당시 선생님들은, 특히 고등학교 선생님들은 입시에서 유리한 위치를 잡게 해 주겠다는 명분만 있으면 학생에게 어떤 가혹한 행동을 하더라도 큰 문제가 없었습니다. 당시 고등학생들은 공부 잘하게 해 준다는 미명 아래 각종 폭력을 견뎌야 했습니다. 제가 다녔던 학교에도 엄청나게 무서운 (체벌을 많이 가하는) 선생님이 있었습니다. 그 선생님 반은 대입 실적이 매우 좋았습니다. 조금이라도 점수가 떨어지면 무차별적인 폭행을(정말 폭행입니다) 당했기 때문에 학생들이 살아남기 위해

(비유가 아니라 문자 그대로) 죽기살기로 공부해야만 했습니다. 어떤 친구는 엉덩이를 하도 많이 맞아서 제대로 앉지도 못할 정도였지만 부모님의 항의는 없었습니다. 오히려 유력 학부모들이 서로 그 선생님을 자기 아이들 담임으로 삼으려고 힘 대결까지 벌였습니다. 어느 해인가는 학부모들이 돈을 모아서 보약을 해 드리기까지 했습니다. 한마디로 "죽지 않을 정도로 때려서라도 대학에 보내 달라"였던 것입니다.

사교육이 금지되었던 시절, 그래서 모두 공교육으로만 경쟁해야 했던 시절, 대입 경쟁은 오히려 요즘보다 더 치열했습니다. 누가 사교육을 더 많이 시키느냐가 아니라 누가 '자습'을 더 길게 시키느냐가 승부를 갈랐습니다. 긴 시간 자습하고 싶은 학생은 거의 없기 때문에 자율학습은 항상 무력으로 강제되어야 했습니다.

게다가 그 시절의 대학 입시는 요즘보다 훨씬 살벌했습니다. 한번 경쟁에서 탈락하면 끝장이었습니다. 요즘에는 대입을 여러 차례 시도할 수 있습니다. 우선 10월에 학생부 종합 전형에 도전해 볼 수 있고, 거기서 실패하면 11월 이후에 수능 정시에 도전할 수 있습니다. 원서도 여러 학교에 낼 수 있습니다. 그래서 어느 정도 상위권에 있는 학생이라면 자기 욕심에 차지 않더라도 어느 대학이든 하나는 진학할 수 있습니다. 대체로 10퍼센트 안에 드는 학생이라면 소위 인서울 대학 어딘가는 갈 수 있습니다.

그런데 1980년대에는 학력고사, 요즘으로 치면 수능 정시 단 하나뿐이었습니다. 11월에 학력고사 보고, 그 점수 받아서 대학에 원서 내서 합격/불합격을 가리는데, 교차 지원도 안 됐기 때문에 단 한 장의 원서만 쓸 수 있었습니다. 2중으로 지원하면 두 학교 모두 불합격 처리되었으니 원서 접수 마지막 날까지 눈치 싸움을 하다가 건곤일척의 심정으로 원서를 던져야 했습니다. 이 눈치 싸움 때문에 지레 겁먹고 서울대 법대가 미달되어, 묻지 마 지원을 한 하위권 학생이 합격한 일도 있었습니다.

3년 공부한 결과를 단 하루 시험 점수에 걸어야 했고, 그렇게 단 하루 시험 점수를 가지고 단 한 번 원서를 제출해서 불합격하면 꼼짝없이 재수였습니다. 더구나 그 시절에는 이른바 명문대학 졸업장이 지금보다 훨씬 귀중한 자원이었습니다. 실제로 인생의 길을 갈라놓을 수 있었으니까요. 생산직 노동자 월급의 두 배 이상을 받는 대기업 사무직 노동자는 출신 대학 서열에 따라 선발되었습니다. 요즘 같으면 상상도 못할 일이지만, 당시 이른바 SKY 대학 출신은 유수의 대기업에 입사 시험도 치지 않고 간단한 면접만으로 취업할 수 있었습니다.

그 시절 명문대학에 입학했다는 것은 곧 이후 인생의 항로가 바뀐다는 뜻이었습니다. 가난한 집안의 학생이 머리를 질끈 동여매고 교과서를 씹어 먹을 기세로 공부해서 명문대학에 진학하면 그다음부터는 그 집안 전체가 일어서는 것이니, 거의 조선시대 과거 급제나 다름없었습니다. 반대로 이미 성공한 부모의 자녀는 또 그 신분을 계속 유지해야 한다는 압박 때문에 입시 경쟁에 올인해야 했습니다. 신분 상승을 꿈꾸거나 부모의 신분을 유지하고자 하는 수많은 청소년이 오직 대입 하나에 목숨을 걸었습니다. 학력고사 단 하루에 이후 수십 년간의 인생이 결정되는 것이었고, 학력고사 단 하루에 고생 끝 행복 시작이 될 수 있었습니다. 그래서 당시 고등학교 교실에는 이를 표현하는 호전적인 글귀가 급훈이라는 이름으로 수없이 붙어 있었습니다.

이 무언의 경쟁 압력이 주는 스트레스는 학생들은 물론 학부모에게도 엄청난 고통을 주었습니다. 고3병은 물론 고3어머니병 역시 매우 심각했습니다. 성적 비관 자살 소식도 요즘만큼이나 빈번했습니다. 그때나 지금이나 꽃다운 청소년이 스스로 목숨을 끊는 가장 많은 이유는 개미지옥 같은 입시 경쟁이었습니다. 그래도 1980년대가 지금보다 나았던 것은 사교육이 금지되어 있었던 덕분에 학부모의 경제적 부담은 덜했다는 점입니다. 학교에 납부하는 보충 수업비, 자율 학습비 정도가 경제적 부담이라 할 수 있는데, 중산층 이상 학부모에게는 별로 큰 부담이 아니었습니다.

그러니 그 시절 입시 경쟁의 고통을 가장 많이 받던 당사자는 다름 아닌 학생 본인이었습니다. 한창 꿈을 키우며 꽃피어야 할 청소년들이 새벽부터 밤늦은 시간까지 학교에 붙잡혀서 지루한 학습 노동을 강요받고, 단 하루의 시험을 위해 무한경쟁을 강요받았던 것이 바로 1980년대 입시 지옥 문제의 핵심이었습니다. 만약 그 시절을 지금보다는 훨씬 여유로운 시절로 바라보는 분들이 있다면, 학생이 아니라 학부모의 눈으로 바라보기 때문입니다.

요즘이 그때보다 더 가혹해졌다고 한다면, 경쟁 자체가 더 치열해지거나 입시 교육이 더 가혹해졌다기보다는 입시 경쟁의 연령대가 내려갔기 때문입니다. 1980년대만 하더라도 살인적인 입시 경쟁은 고등학생, 그것도 인문계 고등학생의 이야기였습니다. 중학교 이하는 비교적 입시에서 자유로웠습니다. 200점 만점의 고입 시험에서 150점 이상 맞을 수 있는 학생이라면 특별히 점수를 높이기 위해 경쟁할 필요가 없었습니다. 특목고나 자사고 따위가 없었기 때문입니다. 오후 3시면 학교가 끝났고, 달리 가야 할 학원도 없었습니다. 공부를 열심히 하는 학생들이라면 집에서 시간을 정해 두고 예습, 복습, 문제풀이 연습 등을 스스로 했을 뿐입니다. 그래서 1980년대 중학생들은 지금보다 훨씬 여유로운 '저녁이 있는 삶'을 누렸습니다. 인문계 고등학교 합격선에서 간당간당하는 석차 40~60퍼센트 선상의 학생들만 다소간의 성적 스트레스를 가지고 있었을 뿐입니다.

초등학생들은 더 말할 나위가 없었죠. 요즘에는 그런 방송이 사라져 버렸지만, 그 시절에는 밤 9시가 되면 TV에서 "어린이 여러분 잠자리에 들 시간입니다"라는 방송이 나왔습니다. 또 밤 10시가 되면 사랑의 종이라는 것이 울렸습니다. "청소년 여러분 집에 들어갈 시간입니다"라는 멘트와 함께.

요즘은 어떤가요? 어린이는 9시에 잠자리에 들고, 청소년은 10시에 귀가? 어림도 없는 소리입니다. 요즘 초등학생들 9시에 잠자기 어렵습니다. 이미 입시 경쟁은 고등학생만의 문제가 아니기 때문입니다. "고등학교 3년 동안 꾹 참고 노력하자"가 "고등학교 때는 다 열심히 하니 미리 준비해야 한다"로 바뀌었습니다. 일단 이렇게 "미리 준비하자"가 들어온 이상, 그 "미리"의 시간은 점점 경쟁적으로 앞당겨지고 있습니다. 이게 경제학에서 말하는 위치재 경쟁입니다. 선행학습이라는 것은 남보다 더 먼저 시작했다는 이득을 노리는 것인데, 남들이 다 같이 시작하게 되면 아무 소용이 없기 때문입니다. 그래서 서로 남보다 더 앞서서 시작하기 위해 경쟁하고, 결국 터무니없이 어린 나이부터 입시 경쟁을 시작하는 지경에 이르렀습니다. 초등학교 입학 전부터 이미 어떤 계열의 대학에 진학시킬지 정해두고 장기 계획을 세워 각종 사교육 기관으로 아이들을 내돌리는 극성스러운 부모까지 등장했으니 말입니다.

대치동 학원가에서 유독 눈길을 잡아끄는 풍경이 있습니다. 여행용 캐리어를 끌고 다니는 초등학생들입니다. 처음에는 학원에서 수

학여행이라도 가는 줄 알았습니다만 아니었습니다. 초등학생의 자그마한 몸으로 감당할 수 없을 정도로 많은 교재를 가지고 다녀야 하기 때문에 캐리어에 넣고 끌고 다니는 것이었습니다.

이렇게 캐리어를 끌고 두 개 이상의 학원을 뛰어다니다 보니 제대로 된 밥을 먹을 시간도 없습니다. 매일 오후 5시쯤이면 대치동의 편의점이나 떡볶이집에 길게 줄지어 늘어선 아이들을 봅니다. 초등학생부터 고등학생까지 연령대도 다양합니다. 빽빽한 학원 스케줄 사이사이에 분식집의 덮밥류나 김밥을 먹을 짬이 있으면 다행입니다. 친구들과 잠깐 수다라도 떨면 그 짬도 사라집니다. 이런 생활을 적어도 10년을 합니다.

초등학생, 중학생 시절은 엄청나게 먹고, 엄청나게 놀고, 엄청나게 운동해야 하는 시기입니다. 또 엄청나게 자고요. 그런데 놀이나 운동 시간은 절대 부족이고, 저녁을 제대로 챙겨 먹지도 못하며, 밤 12시가 넘어야 잠자리에 드는 게 예사입니다. 빠르면 초등학교 3학년 때부터 이런 생활을 시작해 고등학교 3학년 때까지 10년을 해야 합니다. "고등학교 3년 눈 질끈 감고 고생하자"라는 말은 쉽게 던질 수 있는 말입니다. 하지만 초등학생에게 "앞으로 10년만 꾹 참자"라는 말은 쉽사리 던지기 어려운 말입니다. 눈 질끈 감기에 10년은 너무 긴 시간이며, 이미 어느 정도 성장이 완료된 고등학교 3년과 신체적·정신적으로 엄청나게 큰 변화가 일어나는 초등학교, 중학교 시절의 3년은 그 질도 다릅니다.

　요즘 학생들은 1980년대와 달리 고3병이란 말도 잘 쓰지 않습니다. 고3이라고 해서 딱히 다른 게 없는 겁니다. 어쩌면 고3이 가장 편한 학년일지도 모릅니다. 이때쯤 되면 이미 승자와 패자가 거의 가려졌고 10~20퍼센트 정도의 학생들만 그 안에서 다시 순위를 가리기 위해 노심초사할 뿐, 나머지 학생들은 도리어 느긋한 모습을 보여 줄 정도니까요. 어차피 초등학교 3학년 때부터 10년간 고3처럼 살아왔으니, 진짜 고3은 오히려 이 생활의 종점이 다가온 차라리 속 시원한 학년이 되어 버렸습니다.

　이런 모습을 보면 가슴이 찢어진 것처럼 아픕니다. 어른들이 아이들한테 정말 몹쓸 짓을 하고 있다는 생각이 듭니다. 이건 교육열이 아니라 일종의 아동 학대가 아닐까 하는 생각도 듭니다. 그런 점에서 '사교육 문제'라는 말은 이 고통의 근원을 가리는 말입니다. 이 고통의 근원은 초장시간의 학습노동, 과중한 경쟁 및 성취 압력, 그리고 이 학생들의 몸과 마음의 건강입니다.

　하지만 안타깝게도 아이들의 몸과 마음을 걱정하는 목소리는 크지 않습니다. "아이들 잠 좀 자게 하자. 아이들 밥 좀 먹게 하자." 이런 목소리보다 "사교육비 때문에 맞벌이를 해야 할 지경이다. 웬만한 중산층 가정도 생계를 걱정해야 한다, 투잡을 해야 한다, 가계 부채가 심각하다, 허리가 휜다" 등등의 목소리만 엄청나게 증폭되어

들릴 뿐입니다. 아이들 건강보다 돈 이야기가 더 크게 들리는 현실이 몹시 안타깝습니다. 그리고 화가 납니다.

1988년에도 이 정도는 아니었습니다. 그때도 학생들은 입시 경쟁과 성취 압력 때문에 고통스러워했지만, 적어도 어른들이 그 고통을 제대로 봐 주는, 요즘 아이들에게는 없는 행운을 누렸습니다. 물론 어른들이 바라본다고 해서 고통이 줄어드는 것은 아니었습니다. 어른들은 그저 "고등학교 3년만 꾹 참고 견뎌라, 그럼 대학 가서 하고 싶은 거 다 할 수 있다"라는 말로 어르고 달랠 뿐이었습니다.

저 역시 그런 말을 들으며 고교 시절을 버텼습니다. 그리고 버틸 만했습니다. 고등학생 정도면 이미 몸과 마음이 어느 정도 굳건하게 자란 상태라서 동기만 분명하면 힘들어도 견딜 수 있는 나이입니다. 그리고 동기는 분명했습니다. 어떤 대학에 들어가느냐가 이후 어떤 삶을 살아가느냐에 직결되던 시절이었으니까요. 그래서 3년 정도는 악으로 깡으로 어떻게든 버틸 수 있었습니다. 어른들 역시 그런 학생들을 꽤 측은하게 바라보았고, 언론에서도 학생들의 처지를 온정적으로 바라보았지, 부모의 경제적 부담 따위를 운운하지는 않았습니다.

하지만 지금 아이들은 그렇지 않습니다. 초등학교 때부터 거의 10년 이상을 이 악다구니 같은 경쟁판에서 보내야 합니다. 현실론을 이유로 악으로 깡으로 견디기에는 너무 긴 시간입니다. 더구나 아직 몸과 마음이 제대로 여물지 않은, 어리고 예민한 시기를 포함한 10년입니다. 자라는 과정에서 그런 강제적인 고생을 하게 되니 몸과 마음이 잘못된 방향으로 자라고 망가집니다. 그것도 부모의 적극적인 강요나 방조 아래 말입니다.

의미 없습니다. 당장 부모나 선생의 힐난과 꾸중을 피하기 위해서 할 뿐, 이 공부가 자신의 인생에 어떤 역할을 하게 될지 생각할 틈이 없습니다. 이미 대학 서열로 취업 서열이 정해지는 세상이 아니라는 것을 모두 알고 있습니다. 그런데도 "혹시 모르니까" 일단 대학 서열이라도 높여 놓고 보아야 합니다.

그런데 뭣이 중한가요? 대학인가요? 아니면 아이들의 몸과 마음의 건강인가요? 대학 서열 한 등급 높이겠다고 성장기 아이들의 몸과 마음을 엉망진창으로 만드는 게 과연 아이들에게 할 짓인가요? 몇 해 전, 과도하게 성적 압박을 하던 어머니를 "엄마 미안해. 하지만 내가 못살겠어"라고 울부짖으며 살해한 어느 고등학생의 이야기가 세상을 뒤흔들었습니다. 대부분의 학부모가 그 어머니처럼 성적이 오르지 않는다는 이유로 자녀를 골프채로 때리지는 않을 겁니다. 중요한 것은 체벌의 유무가 아니라 과도한 압박의 정도니까요.

이제 아이들을 안타깝고 자애로운 시선으로 돌아봐야 합니다. 그런 시선으로 아이들을 바라본다면 방과후학교를 강화해, 돌봄 교실을 밤 10시까지 연장해서 사교육 문제를 해결하겠다는 정부 방침에 부글거리는 분노가 치솟을 겁니다. 아이들이 늦게까지 공부해야 한다는 건 바뀌지 않았는데, 학원에서 비싼 돈 들여가며 아이들 혹사시키던 것을 학교에서 저렴하게 혹사시키는 걸로 대체하면서 문제를 해결한 것처럼 구는데 어떻게 용서가 되겠습니까?

이 시점에서 무엇이 진짜 고민해야 할 점인지, 그리고 "사교육이 문제야"라고 말할 때 학부모님들의 마음속에서 진정 심각한 문제로 여기고 있었던 점이 무엇이었는지 되짚어 보고 성찰해 볼 필요가 있습니다. 아이들의 과중한 학습 노동이 문제인가요, 아니면 학부모의 사교육비 부담이 문제인가요?

물론 둘 다 문제라고 말할 수도 있습니다. 하지만 만약 아이들의 학습 노동, 학부모의 사교육비 부담 중 하나만 해결할 수 있다면 어떤 것을 먼저 해결해야 할까요? 아이들에게 고작 "너희들 미래를 위한 거야"라는 한마디로, 만약 어른들이었다면 부당노동행위로 고발해야 할 정도의 장시간 학습 노동을 강요하는 걸 합리화하면서 정작 아이들보다는 돈을 걱정하고 있어서야 되겠습니까?

대체 우리 어른들은 언제부터 이렇게 냉담해졌습니까? 저는 오히려 그게 더 놀랍고 안타깝습니다. 어른들 마음속에서 아이들에 대한 측은지심을 되살려야 합니다. 교육에 대한 이런저런 논의는 우선 아이들에 대한 측은지심을 살리고 난 다음의 문제일 것입니다.

공부가 무엇인지부터
알아야 합니다

아이들의 인성이 날이 갈수록 황폐해지고 있다는 걱정의 목소리가 점점 높아집니다. 요즘 아이들의 낮은 도덕성, 왜곡된 가치관, 특히 물질주의적 가치관에 대한 질타의 목소리도 높아지고 있습니다. 그런데 이상한 점이 있습니다. 아이들의 도덕성이 떨어지는 것에 대한 개탄의 목소리도 있고 그런 내용을 담은 언론사의 사설 등은 많이 있는데, 실제로 자기 자식의 도덕성을 걱정하는 부모는 별로 보지 못했습니다. 그동안 수많은 학부모를 만났지만, 아이의 공부를 걱정하는 부모는 봤어도, 인성과 도덕성을 걱정하는 부모는 거의 보지 못했습니다. 즉, 많은 부모가 '요즘 아이들'의 도덕성은 걱정하고 있지만, '우리 아이'의 도덕성은 걱정하지 않는 겁니다. 걱정하는 것은 오직 공부입니다. 요즘 아이들의 도덕성을 걱정하는 것도 우리 사회의 타락을 걱정하는 것이 아닙니다. 저 나쁜 아이들이 우리 아이에게 해꼬지라도 할까 봐, 혹은 우리 아이가 저 나쁜 아이들과 어울리다 나쁜 물이 들어 공부를 안 할까 봐 걱정하는 쪽에 가깝습니다.

물론 공부를 강조한다고 해서 비도덕적인 것은 아닙니다. 오히려 공부 자체에도 도덕적 가치가 있습니다. 하지만 문제는 자녀에게 엄청난 수준의 공부를 요구하지만, 공부의 이유로 도덕적 가치를 제시하는 부모는 거의 없다는 데 있습니다. 아이들이 가장 많이 듣는 말, 그리고 가장 많은 시간을 쏟아붓고 의무감을 느끼게 하는 게 공부인데, 그 공부의 이유로 도덕적 가치가 제시되지 않는다는 것은 아이들에게 도덕은 사소한 것이라는 메시지를 주기에 충분합니다.

자, 이제 아이들에게 공부를 열심히 하라고 요구하는 근거로 무엇을 제시했는지 솔직하게 돌아보십시오. 또 학부모님께서 학생이었을 때 부모님이 어떤 이유로 열심히 공부하라고 요구하셨는지 그리고 그게 지금 아이들에게 요구하는 것과 같은지 다른지 한번 되돌아보겠습니다.

저는 부모님으로부터 공부 열심히 하라는 말을 누구보다도 많이 듣고 자랐습니다. 특히 어머니의 극성이 대단했습니다. 말씀만 대단하신 게 아니었습니다. 몸소 실천에 옮기기도 하셨습니다. 일단 영어 듣기 테이프가 저희 집 자명종이었습니다. 어머니는 아침 6시가 되면 어김없이 전축으로 영어 듣기 테이프를 크게 틀어 놓으셨습니다. 그 소리를 듣고 잠에서 깬 저희 삼 남매는 30분씩 영어를 들으면서 하루를 시작해야 했습니다. 매일 학교를 마치고 집에 오면 그날 배운 것을 복습해야 했고, 숙제가 뭔지 확인해서 그걸 다 하기 전에는 나가 놀지도 못했고, TV를 볼 수도 없었습니다.

그런데 놀랍게도 부모님은 왜 공부를 열심히 해야 하는지에 대해서는 말씀하신 적이 없으셨습니다. 군이 따지자면 학생은 당연히 공부를 열심히 해야 하는 것이고, 그 이유를 궁금하게 여기는 것 자체가 몹쓸 생각이었습니다. 마치 농부는 농사를 열심히 짓고, 노동자는 일을 열심히 하는 것과 같은 것이었습니다. '열심히 하는 것' 그 자체가 도덕 값을 가지고 있었으며, 마침 내가 학생이기 때문에 공부를 열심히 해야 하는 것이었습니다.

당시 가훈이 학여불급學如不及과 문행충신文行忠信이었습니다. 학여불급은 학여불급유공실지(學如不及猶恐失之 : 끝에 다다르지 못할 것처럼 공부하고, 배운 것을 잃어버릴까 봐 두려워한다)에서 가져온 것입니다. 공부를 할 때는 이제 다 해서 마쳤다는 생각을 하지 말고, 오히려 이미 한 것을 놓치지 않을까 걱정하라는 말이니 참으로 겸허하고 성실한 공부의 자세라고 할 수 있습니다. 저는 이 말을 '공부는 아무리 해도 다 이룸이 없다'라고 해석해서 가슴에 담고 다녔고, 그것이 저의 좌우명이 되었습니다.

문행충신에서 '문행'은 《논어》의 첫 문장인 학이시습지學而時習之에 해당됩니다. 학문을 배우고 배운 것을 실천 속에 익히는 것입니다. '충신'은 학문하는 사람의 태도에 해당됩니다. 이때 '충'은 마음을 한결같이 유지하는 성실함을 말합니다. '신'은 자신에게나 다른 사람에게나 신뢰할 수 있는 사람이 되라는 뜻이 되겠죠. 결국 학여불급과 문행충신은 모두 같은 것을 강조하고 있는데, 공부를 할 때 한결같은 마음을 가지고 성실하게 해야 하며, 다 해서 마쳤다는 생각 없이 계속 정진해야 한다는 뜻입니다.

이런 분위기에서 자랐기 때문에 제게 공부는 자기목적적autotelic이었습니다. 공부 자체가 중요한 것이지, 무엇무엇을 하기 위한 공부가 아니었습니다. 물론 이게 반드시 좋은 것은 아닙니다. 존 듀이 같으면 그런 공부는 귀족 같은 유한계급에나 해당되는 것이라고 비판했을 겁니다. 공부라는 것은 어떤 문제를 해결하기 위해 그것과 관련된 지식을 탐구하고 해결책을 모색하는 과정이라고 주장할 테니까요. 저 역시 지금은 그렇게 생각합니다.

공부를 자기목적적으로 생각함으로써 얻은 것 중 가장 좋은 것은 몰랐던 것을 새로 알게 되는 과정을 즐거워하는 습관입니다. 이 습관 덕분에 저는 어떤 문제에 부딪쳤을 때 그 문제 상황에 스트레스를 받기보다 오히려 그 과정을 즐길 수 있게 되었습니다. 새로운 영역의 공부를 할 좋은 기회로 받아들이면서 말입니다. 기나긴 치과 치료를 받는 동안 치의학과 관계된 새로운 지식을 많이 얻었고, 건강검진에서 혈압이 높다고 나오자 인체 순환계를 다룬 문헌을 섭렵했습니다. 만약 공부 그 자체를 즐기는 습관이 형성되지 않았다면, 문제 상황에서 상당한 스트레스를 받았을 겁니다.

또 어떤 일을 하더라도 한눈팔지 않고 꾸준하게 마무리하는 태도를 몸에 새길 수 있게 되었습니다. 사실 아무리 공부를 좋아한다 하더라도 즐거움이 마냥 계속되지는 않습니다. 이 세상의 모든 분야는 처음 시작할 때는 흥미롭지만 막상 시작하고 나면 반드시 거쳐 가야 할 진입 장벽을 가지고 있습니다. 어느 정도 그 분야에 익숙해지면 그 속에서 재미를 찾고 기쁨을 누릴 수 있겠지만, 일단 기초적인 지식이나 기본기를 익히고 난 다음의 일입니다. 그리고 어느 분야든 기초적인 지식이나 기본기를 획득하는 과정은 지루하고, 고되고, 답답합니다.

기타나 전자 피아노를 치는 게 멋있어 보여 부모님을 졸라 악기를 사 놓고는 막상 몇 번 뚱땅거린 뒤 던져 버리는 중학생을 한두 명 본 게 아닙니다. 마찬가지로 영춘권, 형의권 등 각종 무술이 멋있어 보이고 폼이 나서 배워 보겠다고 도장에 등록했다가 한두 달 만에 그만두는 아이들, 또 비보이가 멋있어 보여 브레이크 댄스를 배우겠다고 달려들었다가 고된 신체 훈련을 견디지 못하고 나가떨어지는 아이들도 무수히 많이 봤습니다. 폼 나고 멋진 무술 동작이나 춤 동작을 하려면 먼저 근육과 관절을 튼튼하고 유연하게 단련하고, 가장 기본적인 자세와 동작을 익혀야 하는데, 이 과정은 지루하고 멋있지도 않습니다.

무술이나 댄스 같은 특별한 활동에만 해당되는 게 아닙니다. 아이들이 장차 세상에 나아가 활동할 분야에 이런 진입 장벽이 없는 분야는 거의 없습니다. 가장 단순한 노동조차도 적어도 일정 시간 동안 계속 같은 동작을 반복할 수 있는 끈기와 시간을 준수하는 근면성이 요구됩니다. 게다가 그런 단순노동은 컴퓨터가 제어하는 기계로 대체되는 추세입니다.

결국 우리 아이들이 장차 이 세상에서 한 사람의 몫을 하려면 어느 분야든 만만치 않은 진입 장벽을 넘어야 하며, 이 과정을 견딜 수 있는 끈기와 성실함을 갖춰야 합니다. 이런 끈기와 성실함은 선천적으로 타고나거나 유전되는 게 아닙니다. 교육을 통해 계발되어야 합니다. 끈기와 성실함을 계발하는 과정을 바로 수련이라고 합니다. 수련과 훈련은 무엇인가를 매우 능숙해질 때까지 반복한다는 점에서는 비슷해 보이지만, 그 목적에서 구별됩니다.

훈련은 능숙해지는 것이 목적입니다. 수련은 무엇인가 포기하지 않고 끈기 있게 집중하는 태도를 기르는 것이 목적입니다. 무술영화를 보면 처음 입문한 수련생에게는 어떤 동작을 가르쳐주는 대신 도장을 청소하고 물을 길어오게 하는 등 허드렛일을 시킵니다. 이와 비슷하게 선종 사찰에서도 새로 입문한 스님들에게 이런 허드렛일을 시킵니다. 걸레질하는 것이 보살행이다 하면서 말입니다. 청소하는 법, 물 긷는 법을 익히는 것이 목적이 아닙니다. 이렇게 힘들고 지루한 일을 묵묵히 수행하면서 장차 있을 고된 훈련과 수행과정을 견딜 끈기를 기르는 것입니다.

이런 점에서 공부가 그 내용과 별도로 도덕적 가치를 가집니다. 어떤 내용이 아주 익숙해질 때까지 읽고, 쓰고, 외우는 일을 하다 보면 어느새 끈기와 성실성이 몸에 배기 때문입니다. 그런 점에서 공부한 내용을 직접 써먹지 못하더라도 공부하는 과정 자체가 이미 수련 혹은 수행이 되는 셈입니다. 이것을 교육학에서는 '도야陶冶'라고 합니다. 특히 독일 교육학은 이 도야를 매우 중요하게 생각합니다. 독일 학교에서 연극과 음악을 매우 중요시하는 이유도 학생들을 예술가로 키운다거나, 요즘 유행하는 창의성이나 감성을 계발하는 데 있는 게 아니라 도야를 위해서입니다. 이를 흔히 교양 교육이라고 합니다.

동양에서도 이런 도야로서의 공부를 중요시했습니다. 세계 최초의 학교 설립자라고 불리기도 하는 공자의 학당에서는 이른바 육예라고 하여 시, 정치문헌, 예법, 음악, 말타기, 활쏘기를 가르쳤습니다. 어느 것 하나 실제로 써먹기 위한 게 아니었습니다. 육예를 익힘으로써 사특한 마음이 생기지 않게 하려는 것이었습니다. 그렇게 마음을 다스릴 수 있게 되면 그때그때 필요한 공부는 능히 스스로 할 수 있으니까요. 플라톤의 아카데미아에서 기하학과 수학을 공부했던 것 역시 공학에 응용하려는 게 아니었습니다. 마음에 지혜와 이성의 등불을 켜기 위해서였습니다.

그래서 그런지 공부 잘하는 학생들이 대체로 뭐든지 잘합니다. 운동도 잘하고, 놀기도 잘하고, 춤도 잘 춥니다. 머리가 좋거나 모든 분야에 골고루 재능이 있어서 그런 게 아닙니다. 공부를 잘한다는 것 자체가 이미 상당한 수준의 끈기와 성실성을 갖추었다는 뜻입니다. 공부를 잘하게 되는 과정 속에서 이런 것을 얻은 것입니다.

머리가 좋아서 공부를 잘하는 것이 아닙니다. 물론 어느 정도는 관계가 있지만, 굳이 아이큐로 표현하자면 120 이상이 되면 더 이상 공부에 큰 영향을 주지는 않습니다. 100인 학생보다 120인 학생이 공부를 더 잘할 가능성은 크지만 절대적이지 않고, 120이 넘는 학생들끼리는 이미 결정적인 요인이 아닙니다. 결국은 성실성과 끈기 싸움입니다.

꾸준함과 성실성이 습관화되지 않고서는 공부를 잘할 수 없습니다. 또 공부를 잘하려고 애를 쓰다 보면 어느새 꾸준함과 성실성은 습관으로 자리잡고 있습니다. 그러니 공부를 잘하는 학생들은 다른 어떤 분야를 배우고 익히더라도 진입 장벽을 견뎌내고 어느 정도 경지에 올라갈 가능성이 큽니다. 운동을 배워도 코치가 요구하는 연습을 꾸준히 하고, 춤을 춰도 동작이 완전히 익을 때까지 연습하는 식으로 말입니다.

물론 이건 어디까지나 이상적인 이야기고, 실제로 공부가 이런 도덕적 가치를 가지고 이루어지지는 않았습니다. 조선시대에도 인격 수양과 도야를 목적으로 하는 유교 경전과 시를 과거시험에 합격하기 위한 도구로 생각하는 사람이 많았습니다. 원래 과거에서 시를 쓰게 한 까닭은 시가 그 사람의 자연스러운 성정을 드러내기 때문이었지만, 난립한 서원에서는 시험관에게 인상적인 시를 쓰는 비법을 가르치는 일이 비일비재했습니다. 심지어 첫 행은 어떻게 쓰고, 둘째 행은 어떻게 쓰고 해 가면서 한 행, 한 행을 연습시키기도 했습니다. 또 문답식으로 이루어지는 유교 경전 시험 역시 예상 문제와 모범 답변을 반복해서 연습시키고 암기시켰습니다.

이런 공부를 하고 있는 선비들에게 공부의 이유가 무엇이냐고 물어보면 뭐라고 대답했을까요? 당연히 과거시험에 합격하기 위해서라고 대답했을 겁니다. 도덕적 가치가 사라진, 문행충신이 사라진 공부를 한 겁니다. 그럼 이렇게 도덕적 가치가 사라진 공부를 하는 선비들에게 과거시험에 합격해야 하는 이유가 뭐냐고 물어본다면 뭐라고 대답했을까요? 모르긴 해도 자기 자신이나 가족을 벗어난 웅대한 포부를 밝히는 인물은 없었을 겁니다. 넓어 봐야 그동안 쇠락했던 가문을 일으킨다, 좁게는 부귀영화를 누리면서 행세를 좀 하려 한다는 답이나 나왔겠죠. 사실 이런 생각은 뿌리가 아주 깊습니다. 송나라의 진종황제는 아예 이런 시를 지어 널리 공부하라고 권장했습니다. 공부를 권장하는 시치고는 참 천박합니다.

집을 부유하게 하려고 좋은 밭을 사지 마라. 책 속에 저절로 천종의 봉록이 있다 富家不用買良田 書中自有千種祿.

편안히 살기 위해 큰 집을 올릴 필요 없다. 책 속에 저절로 황금의 집이 있다 安居不用架高堂 書中自有黃金屋.

문을 나설 때 따르는 사람 없다 한탄 마라. 책 속에 말과 수레가 떨기처럼 많다 出門莫恨無人隨 書中車馬多如簇.

장가들려는데 좋은 중매 없다 한탄 마라. 책 속에 얼굴이 옥 같은 여자가 있다 取妻莫恨無良媒 書中有女顏如玉.

사나이 평생의 뜻을 이루고자 한다면 창 앞에서 육경을 부지런히 읽으라 男兒欲逐平生志 六經勤向窓前讀.

황제까지 나서서 공부를 권장하는 시의 수준이 이 정도라니 한심합니다. 우리 같이 가슴에 손을 얹어야 합니다. 요즘이라고 다를까요? 감히 여쭤 보겠습니다. 공부하기 싫어서 징징거리는 자녀에게 왜 공부를 열심히 해야 한다고 말씀하십니까? 학생의 의무니까? 주어진 목표를 달성하는 것이 도덕적으로 고결하기 때문에? 아니면 나중에 먹고살려면 지금 힘들어도 해야 한다? 이 생각을 하자마자 낯이 뜨겁게 달아오릅니다. 얼마 전에 이른바 4차산업혁명 이야기를 하면서, 공부를 열심히 하지 않으면 이제는 제대로 된 일자리를 잡을 수 없게 된다고 열변을 토했던 기억이 떠올라서입니다. 아마 이런 식의 이유를 들어가며 공부를 열심히 해야 한다고 자녀를 설득한 분이 적지 않을 것입니다. 한마디로 먹고살기 위해, 혹은 조금 적극적이라면 잘 먹고 잘살기 위해서 공부를 열심히 해야 한다, 이렇게 공부의 목적이 그 자체로 도덕적인 것이 아니라 잘살기 위한 것이 되어 버리면 공부의 가장 중요한 도덕적 고갱이라고 할 수 있는 문행충신文行忠信의 '충신'은 매우 번거로운 것으로 전락해 버립니다. 충신은 한눈팔지 않고 꾸준히 공부에 정진하는 태도입니다. 하지만 공부가 잘살기 위한 수단이 되어 버리면 그 태도 자체는 전혀 중요하지 않습니다. 오히려 충신한 태도는 비효율적입니다. 잘살 수 있는 지름길이 있다면 언제든지 충신한 태도를 버릴 수 있어야 합니다. 그 결과 고통스러운 탐구와 모색의 과정은 생략하고 다 정리된 결과만 머릿속에 밀어 넣고 반복 암기해서 시험 점수를 높이려는 태도, 즉 공부의 과정을 가능한 한 짧게 해서 공부의 고통은 되도록 줄이면서 그 과실만 빨리 쟁취하려는 태도가 오히려 합리적인 선택이 됩니다.

실제로 1980년대나 지금이나 학생들이 공부 열심히 한다고 할 때, 그 공부가 대체 무엇이었나요? 어떤 앎에 이르기 위해, 무엇인가 새로이 할 수 있기 위해 끈기 있게 매진해 익히고 또 익히는 과정은 아니었습니다. 대개 시험 점수를 높이기 위해 시험에 잘 나올 것 같은 것들을 외우고, 예상 문제를 몸에 밸 때까지 풀고 또 푸는 것이었습니다. 그때와 지금이 다른 점이 있다면 문제 풀이를 학생이 스스로 했느냐, 돈을 들여 학원에서 하느냐의 차이가 있을 뿐입니다.

그 결과 시험 점수를 높여서 소정의 열매를 획득한다면, 공부는 그다음부터 불필요한 노역 취급을 받습니다. 공부를 열심히 하는 이유가 하루빨리 더 이상 공부를 하지 않아도 되는 위치에 가기 위해서가 되어 버린 것입니다.

1980년대에는 서울대학 입학이 그런 위치를 의미했습니다. 죽도록 공부해서 일단 서울대에 입학하면 그다음부터는 공부할 필요가 없었습니다. 적당히 학교 다니면서 졸업하면 졸업장만으로 번듯한 기업에 취업할 수 있고, 일단 취업하면 부정부패를 저지르지 않는 한 해고되지 않으면서 평생 안정된 소득을 보장받았으니까요.

그런데 요즘에는 대학 입학만으로는 어려워졌습니다. 대학생들도 공부를 해야 합니다. 하지만 대학생들의 공부 역시 공부를 더 이상 하지 않기 위한 공부입니다. 그래서 교사나 공무원이 되려고 매달립니다. 교사나 공무원에 그토록 많은 젊은이들이 매달리는 까닭은 한번 시험을 통과하면 그다음부터는 공부를 하지 않아도 자리를 지킬 수 있는 몇 안 남은 일자리이기 때문이 아닐까요? 1980년대에 대학 입시 한 번에 인생이 결정되던 방식이, 혹은 그보다 더 옛날에 과거급제 한 번에 집안 형편까지 바뀌던 방식이 이제는 교원 임용고시, 공무원 시험으로 넘어온 게 아닐까요? 하지만 이 과정에서는 공부를 하면서 몸에 스며들게 해야 하는 충신이라는 가치는 얻지 못합니다. 충신이라는 가치를 얻지 못했기 때문에 그 공부는 시험을 통과하는 순간 아무것도 남긴 것이 없습니다. 이제 이런 공부는 그만둬야 할 때가 되었고, 결국 그만둘 수밖에 없게 될 것입니다.

도덕이
경쟁력입니다

요즘 "~가 밥 먹여 주냐?"라는 식의 화법이 난무합니다. "연극이 밥 먹여 주냐?", "운동이 밥 먹여 주냐?"는 물론 심지어 "도덕이 밥 먹여 주냐?"라는 말까지 심심찮게 들립니다. 이른바 '먹고사니즘'이 온 사회를 지배하고 있습니다. 먹고사는 데 도움이 되는지 여부로 가치를 판단하고, 나아가 먹고사니즘을 기준으로 도덕적으로 온당하지 않은 행위까지도 정당화합니다.

우리나라는 정치인에게 부정부패가 그다지 치명적인 일이 아닙니다. 미국은 학교 다닐 때 다른 학생의 리포트를 베꼈다는 것만으로도 대통령 후보 자격이 흔들리는데(물론 트럼프를 보면 꼭 그런 것 같지도 않지만), 우리나라는 학교 다닐 때 성적표를 위조했다고 하더라도 나중에 성공하고 나면 그 정도는 다 덮어지는 경향이 강합니다. 이런 사회 분위기 탓인지 심지어 부모가 자식에게 먹고사니즘을 설파하면서 도덕을 우습게 보게 만드는 말을 하는 경우도 심심치 않게 보입니다. 물론 부모가 자식에게 도덕적으로 살지 말라거나, 비도덕적 행위를 하라고 부추긴다는 뜻은 아닙니다. 하지만 은연중에 도덕의 가치를 먹고사니즘보다 낮게 보는 듯한 언행을 보여 주는 경우가 많고, 몇몇 분들은 그런 말을 노골적으로 하기도 합니다. 예를 들면 자녀가 뭔가 손해를 보더라도 친구들이나 더 어려운 사람을 위해 자신의 이익을 포기했을 경우 그다지 기뻐하지 않는 부모님들이 보이곤 합니다. "영환이가 어려운 친구들을 잘 도와주고, 힘들거나 궂은일을 오히려 앞장서서 도맡아 합니다." 이렇게 칭찬의 말씀을 드리면 겉으로는 좋아하는 표정을 짓지만, 그 표정 한구석에 불만의 그림자가 스칩니다. 그래서 "별로 반가운 소식은 아닌 모양이죠?"라고 반문하면, 그제서야 "영환이가 착하다니 좋긴 하네요. 하지만 그렇게 착하기만 해서 이 험한 세상 어떻게 살아갈지 걱정이네요. 그렇게 착하기만 해서 과연 살아남을 수 있을까요?"라는 식의 대답이 돌아오곤 합니다.

　누구도 그 학부모님을 비난할 수는 없습니다. 우리 마음속에도 이런 마음이 어느 정도 들어 있기 때문입니다. 인터넷을 보면 이런 말들이 난무하는 게 바로 이 나라의 현실입니다. 착한 사람이 손해 본다, 법 지키는 놈이 바보다, 도덕이 밥 먹여 주냐?, 우리나라는 각자도생各自圖生의 사회다 등.

괜히 이런 말이 나도는 게 아닙니다. 실제 통계 자료로도 이런 경향이 분명하게 드러납니다. 우리나라의 신뢰 자본과 사회적 자본이 거의 바닥 수준이거든요. 1997년만 해도 "낯선 사람을 만났을 때 그 사람을 믿을 수 있느냐?"라는 질문에 60퍼센트 이상의 응답자가 "그렇다"라고 대답했지만, 2015년에는 "그렇다"는 응답이 10퍼센트에 불과할 정도로 바뀌었습니다. 서로가 서로를 믿지 못하는 상황이라면 "눈 감으면 코 베어간다"는 말이 실감나지 않겠습니까? 이런 상황에서 다른 사람을 배려하고 도와주는 행위는 고귀해 보이기는 하지만, 결국 뒤통수 얻어맞기 딱 좋은 바보짓처럼 보이는 게 당연합니다. 그래서 우리 마음속에는 정도의 차이가 있을 뿐 이런 생각이 깊숙이 감춰져 있습니다. 몇몇 솔직한 분들이 노골적으로 꺼낼 뿐입니다.

"가능하면 우리나라가 도덕적인 사회를 이루었으면 좋겠어. 하지만 내 자식이 먼저 손해를 보게 두지는 않겠어. 모두가 반칙을 쓰지 않았으면 좋겠어. 하지만 다른 사람들이 먼저 반칙을 포기하기 전에 내가, 그리고 내 자식이 먼저 반칙을 포기하지는 않겠어."

하지만 이런 식으로 도덕적 기반이 무너지거나 가볍게 여겨지는 상황에서는 각자도생은커녕 도생圖生 자체가 어렵습니다. 사람은 사회를 이루지 않으면 생존 자체가 위협받으며, 아무리 작은 사회라 하더라도 사회는 도덕과 신뢰를 접착제 삼아 유지되기 때문입니다. 도덕과 신뢰가 어디 있냐고요? 이 접착제는 얼핏 눈에 띄지는 않습니다. 하지만 존재하지 않는 상황을 생각해 보면 금방 그 존재감이 느껴집니다. 이를 두고 교육학자들은 흔히 상상실험이라고 합니다.

학교를 대상으로 상상실험을 해 보겠습니다. 학교는 부모의 눈길이 미치지 않는 곳입니다. 학부모님들이 학교 안까지 따라와서 자녀를 보살피지는 않으니까요. 때로 어떤 학부모님들은 자녀를 교문 앞까지 데려다 주지만, 중학생 이상의 자녀를 둔 분들은 아이는 아이대로 등교하고, 부모는 부모대로 출근합니다. 또 학교를 마친 아이들은 학원에 가기도 합니다. 어떤 학부모님은 학원으로 아이를 데리고 가기도 하지만, 대부분의 아이들은 학교를 마치면 스스로 학원에 갑니다. 별것 아닌 일상생활처럼 보이겠지만, 사실은 도덕이 전제되지 않고 사회적 신뢰가 없다면 엄청나게 불안에 떨어야 하는 상황입니다. 아이들이 적어도 12시간 이상을 부모의 보호나 감시가 없는 상황에서 혈연관계가 전혀 없는 여러 어른과 함께 보내야 하니 말입니다. 아이들은 고등학생쯤 되어 머리가 굵었다 하더라도 부모의 조력이 없다면, 의외로 어른들 앞에서 무력합니다.

자, 이제 도덕과 신뢰라는 접착제가 없거나, 있더라도 믿지 못한다고 가정해 보겠습니다. 엄청난 문제가 발생합니다. 우선 부모의 눈길이 미치지 않는 한나절 동안, 심지어 주변의 시선으로부터 완전히 독립된 공간인 교실에서(교실에 CCTV가 설치된 학교는 없습니다) 아이들을 상대로 사실상 거의 전적인 권한을 가지고 있는 교사들을 어떻게 믿습니까? 제대로 가르치는 건 기대하지 않는다 치더라도, 아이들을 학대 또는 성추행하지 않는다고 누가 장담합니까? 이렇게 물어보면 대부분 특별한 의심 없이 "교사니까 알아서 잘하겠지" 아니면 "설마 교사가? 아닐 거야"와 같은 기본적인 믿음을 갖고 있음이 확인됩니다. 만약 이런 믿음의 바탕이 없다면 부모가 직접 볼 수 없는 곳에 여러 시간 동안 어린 자녀를 맡기는 일 자체가 불가능할 것입니다. 교사의 도덕이 전제되지 않고, 또 교사의 도덕에 대한 신뢰가 전제되지 않은 사회에서는 사실상 어떤 교육기관도 운영될 수 없습니다.

그렇다면 이런 엄청나게 높은 수준의 신뢰는 어디에서 온 것일까요? 교사들이 자신의 도덕성을 끊임없이 사회로부터 검증받았기 때문일까요? 아닙니다. 이 믿음은 오히려 학부모들이 스스로 가지고 있다고 믿는 도덕과 그 도덕에 대한 신뢰에서 옵니다. 아무리 우리나라는 각자도생 사회라느니 도덕 같은 배부른 소리는 할 필요 없다, 도덕이 밥 먹여 주는 것 아니다라고 하더라도, 자녀를 아무런 의심 없이 학교에 보내는 학부모가 거의 대부분이라는 사실은 우리나라 학부모의 대부분이 도덕적일 뿐 아니라 도덕에 높은 가치를 부여하고 신뢰하는 분들이라는 증거입니다.

왜 그럴까요? 사람은 기본적으로 자기 자신을 거울이나 저울로 삼아 다른 사람의 행동을 예측하는 성향이 있습니다. 바로 역지사지易地思之입니다. 다른 사람의 마음을 읽을 수 없기 때문에 먼저 내 마음을 읽어서 다른 사람의 마음을 헤아려 봅니다. "이 상황에서 나 같으면 어떻게 행동할까?" 이렇게 말입니다. "뭐 눈에는 뭐만 보인다"라는 속담이 괜히 나온 게 아닙니다. 만약 도덕적이지 않은 사람, 스스로 도덕을 가볍게 생각하고 현실적인 이익 동기에 따라 언제든지 내팽개칠 수 있다고 생각하는 사람이라면 다른 사람의 마음 역시 그 기준으로 헤아릴 것입니다. 따라서 그런 사람들은 이 세상이 온통 비도덕적인 사람들로 가득하다고 생각하기 마련입니다. 그래서 다른 사람을 만났을 때 신뢰하기보다는 일단 의심부터 합니다. 그들이 자신을 등치거나 착취할 동기를 가지고 있다는 전제 하에서요. 또 일신의 편안함만을 추구하며 주변의 눈길이 조금이라도 소홀해지면 즉시 업무를 태만히 하는 사람이라면 다른 사람 역시 그럴 것이라고 생각합니다. 이런 사람이 다른 사람을 관리 감독하는 위치에 서면 각종 번잡한 감시규정과 장비를 설치해 직원들이 농땡이라도 치지 않는지 일거수일투족을 감시할 것입니다.

이렇게 말씀드리고 나니 "무슨 맹자 성선설 같은 소리를 하고 있나? 도덕이 밥 먹여주나? 여긴 자본주의 사회야" 같은 반박이 들리는 것 같습니다. 아무래도 전통 사회는 도덕과 가치에 의해 지배되는 사회, 자본주의 사회는 이익 동기에 의해 지배되는 사회라는 식의 생각이 상식처럼 자리 잡고 있으니까요. 이윤 앞에서는 부모 형제도 서로 다툰다는 자본주의 사회에서 도덕이 아름답고 고상하기는 하나 무력하고 쓸모없는 장식처럼 느껴지는 것도 사실입니다.

그런데 실제로는 정반대입니다. 사회학자 에밀 뒤르켐은 이런 통념을 깨고 오히려 전통 사회보다 자본주의 사회가 훨씬 고차적인 도덕 사회라고 말했습니다. 높은 수준의 도덕이 자리 잡지 않은 사회에서는 아예 자본주의가 제대로 작동할 수도 없다고 했습니다. 애덤 스미스가 말한 것처럼 "내가 오늘 저녁에 맛있는 빵을 먹을 수 있는 것은 제빵사의 자비심 때문이 아니라 그의 이익 동기 때문"인 자본주의 사회가 도덕에 기반하고 있다니 이상하게 들립니다. 하지만 뒤르켐 같은 석학이 공연한 말을 할 리가 없죠.

제빵사가 탐욕스럽고 이익 동기가 강하다 할지라도 굶주린 거지 떼, 강도 떼, 혹은 탐욕스러운 권력자가 와서 빵을 약탈하지 않을 것이라는 확신이 없다면 과연 빵을 만들 수 있을까요? 아마 불가능할 겁니다. 실제로 저런 약탈은 전통 사회에서는 드물지 않았습니다. 그래서 전통 사회에서는 딱 먹고살 만큼 이상의 생산은 잘 하지 않았습니다. 괜히 축적해 봐야 약탈의 대상이 될 뿐이니까요.

전통 사회의 상인들은 오늘날처럼 쇼윈도에 상품을 펼쳐놓고 불특정 다수를 상대로 영업하지 않았습니다. 찾아오는 사람이 손님인지 강도인지 구별하기 어려우니까요. 낯선 사람이 들어와서 빵만 집어들고 내빼지나 않을지, 혹은 총을 뽑아들고 가게를 몽땅 털어갈지 어떻게 압니까? 그래서 제빵사와 이미 알고 있는 사이가 아니라면 빵가게에 들어가더라도 빵을 사기는커녕 문전 박대를 당하기도 했습니다.

오늘날에는 빵을 구입하는 사람 역시 전통 사회보다 상당히 높은 수준의 도덕을 전제로 합니다. 우리는 빵이 먹고 싶을 때 매우 까다로운 입맛의 소유자가 아닌 한, 내가 믿는 제빵사만 고집하지 않습니다. 근처에 빵집이 있으면 가서 빵을 삽니다. 그런데 의심하고 들자면 끝이 없습니다. 난생처음 가 보는 빵집, 일면식도 없는 제빵사가 불결하거나 상한 재료를 사용하는지, 유통기한이 지난 빵을 속여 파는지 어떻게 확신합니까? 하지만 우리는 이런 의심을 하지 않고 빵을 고르고, 돈을 지불하고 나옵니다. 만약 저런 의심을 하나하나 하기 시작하면 아마 끝이 없을 텐데 말입니다. 비단 빵에 그치는 게 아니라 어느 가게에서 무엇을 사더라도 특별히 의심을 하지 않습니다.

인터넷 쇼핑까지 넘어가면 전통 사회의 도덕 수준으로서는 상상도 하지 못할 일들이 일어납니다. 아예 실제 상품을 보지도 않고 구입하니까요. 단지 사진과 상품 정보만 보고서 고가의 제품을 잘도 구입합니다. 100만 원이 넘는 컴퓨터를 사진과 숫자 몇 개만 보고 구입합니다. 만에 하나 인터넷 판매자가 돈만 먹고 물건을 안 보내 주면 어쩌자는 것일까요? 하지만 우리는 그런 의심을 거의 하지 않습니다.

전통 사회에 익숙한 노인 세대는 큰돈을 써서 무엇인가를 해야 할 때 고향 사람이나 아는 사람 혹은 그 사람들이 소개해 주는 사람과 거래하려는 경향이 여전히 강합니다. 잘 믿지 못하니까요. 하지만 자본주의에 익숙한 세대는 처음 보는 사람이 운영하는 가게, 심지어는 아예 사람 자체가 보이지도 않는 인터넷 쇼핑몰이나 모바일 쇼핑몰에서 아무렇지도 않게 거래합니다. 잘 믿으니까요. 그리고 앞에서 말씀드렸듯이, 잘 믿는다는 것은 본인 역시 잘 속이지 않는다는 뜻입니다.

이렇게 자본주의 사회야말로 고도로 도덕적인 사회이며, 이런 고도의 도덕이 없으면 아예 작동하지 않는 사회이기도 합니다. 일면식도 없는 불특정 다수의 공급자와 불특정 다수의 수요자가 만나서 오직 상품의 품질과 가격이라는 정보만 가지고 거래해야 하는 곳이니까요.

반면 캄보디아같이 정치가 불안정하고 전반적으로 도덕적 기반이 약한 나라에서는 자국 화폐보다 미국 달러를 사용하는 경우가 많습니다. 자기 나라 경제 당국을 믿지 못하는 겁니다. 이런 나라에서 모든 사람이 이익 동기에 따라 돈을 많이 벌기 위해 달려든다면 천민 자본주의가 될 수밖에 없습니다. 이런 사회에서 누군가가 돈을 많이 번다는 것은 사회 전체가 부유해지는 것이 아니라 다른 사회 구성원이 그만큼 가난해진다는 뜻입니다. 이런 경제는 오래가지 못하며 모두 함께 공멸의 길을 가게 됩니다. 따라서 도덕은 밥을 먹여 주는 수준보다 훨씬 중요한 역할을 합니다. 도덕이 없으면 밥 정도가 아니라 아예 쌀, 물, 연료도 구하기 어려워지기 때문입니다. 도덕에 대해서 이런 식으로 정당화하는 것이 참 싫지만, 굳이 말씀드리자면 "도덕이 밥 먹여 줍니다", 아니 더 강하게 말씀드리자면 "도덕이 아니면 밥 벌어 먹을 수 없습니다".

조금 더 구체적으로 들여다볼까요? 자본주의에서는 '밥을 먹기 위해'서는 '밥값'을 내고 사야 합니다. 따라서 우선 '밥값을 벌어야' 합니다. 그렇다면 어떻게 해야 밥값을 벌 수 있을까요? 어디서 위조 화폐를 만들 게 아니라면 둘 중 하나입니다.

첫 번째는 다른 사람이 돈을 주고 맞바꿀 만한 가치가 있는 무엇인가를 가지고 있는 경우입니다. 즉, 다른 사람이 돈을 주고 살 만한 것을 시장에 제공해야 합니다. 기업가의 길입니다.

두 번째는 다른 사람이 스스로 하는 대신 돈을 주고 나에게 대신해 달라고 할 만한 어떤 능력(단순한 노동력에서부터 숙련된 노동력, 전문적인 지식에 이르기까지)이 있어야 합니다. 노동자의 길입니다.

그렇다면 어두운 방법은 어떨까요? 다른 사람을 속이거나 폭력을 행사해 돈을 강탈하는 경우는 사회가 용납하지 않습니다. 만약 사회가 이를 용납한다면, 내가 남을 속이거나 강제력을 동원하여 돈을 벌 수 있는 만큼 다른 사람도 나를 속이거나 강제력으로 내 돈을 빼앗을 수 있는 사회입니다. 따라서 돈을 벌 가능성은 돈을 강탈당할 가능성과 합해 0이 됩니다.

결국 돈을 벌 수 있는 방법으로는 기업가와 노동자만 남습니다. 그런데 기업가가 되거나 노동자가 되기 위해 반드시 갖춰야 할 공통의 능력이 있습니다. 바로 '다른 사람의 마음을 헤아릴 줄 아는' 능력, 그리고 '다른 사람의 마음을 헤아리고, 다른 사람의 입장을 이해하여 자신의 충동, 욕구, 감정을 억제할 수 있는' 능력입니다. 기업가는 자신의 입장이 아니라 고객의 입장에서 생각하고 행동할 수 있어야 합니다. 자신이 아니라 고객이 쓸 물건을 팔아야 하니까요. 노동자 역시 자신의 입장뿐 아니라 고용주의 입장에서도 생각하고 행동할 수 있어야 합니다. 자신을 위한 일뿐 아니라 고용주에게 필요한 일도 해야 하니까요.

이렇게 다른 사람의 입장을 이해하고, 여기에 따라 자신의 행동을 조절하는 것을 무엇이라고 부를까요? 그게 바로 도덕입니다. 즉, 자본주의 사회에서 먹고살기 위해 갖춰야 할 가장 중요한 가치는 바로 도덕입니다.

동서고금을 막론하고 도덕의 제1규칙은 바로 다른 사람을 헤아리는 것입니다. 도덕의 황금률이라는 것이죠. 5천 년 전 고대 이집트인들에게는 "다른 사람이 너에게 했으면 하는 그런 일을 하라"라는 황금률이 있었습니다. 고대 인도 브라만교의 경전에도 "다른 사람을 너 자신 다루듯 하라"라는 황금률이 있었습니다. 역시 수천 년 전 고대 그리스에서도 이 황금률은 거의 흡사한 모습으로 나타납니다. "네가 다른 사람이 했다면 비난할 일을 하지 말라"(탈레스), "너에게 일어나지 말았으면 하는 일을 너뿐 아니라 다른 사람에게도 행하지 말라"(피타고라스 학파), "다른 사람이 너에게 했다면 화가 날 일을 다른 사람에게 하지 말라"(이소크라테스).

크리스트교도 예외가 아닙니다. 너무 유명한 성경의 두 구절이 있습니다. "그러므로 무엇이든지 남에게 대접을 받고자 하는 대로 너희도 남을 대접하라. 이것이 율법이요 선지자니라"(마태복음 7장 12절), "남에게 대접을 받고자 하는 대로 너희도 남을 대접하라"(누가복음 6장 31절).

유교는 어떨까요? 유교의 근본 덕목인 인仁을 공자는 충서忠恕라고 말했습니다. '충'은 마음을 한결같이 하는 것이고, '서'는 다른 사람과 마음을 함께하는, 즉 공감하는 것입니다. 다른 사람의 마음을 헤아리는 그런 식의 삶을 한결같이 하는 것, 그게 바로 인입니다. 따라서 유교 경전에는 다른 사람의 마음을 헤아리는 일, 즉 역지사지에 대한 표현이 무수히 많습니다. 그중에서 가장 유명한 것은 아마 《논어》의 "자기가 하고 싶은 것이 아니면 다른 사람에게 시키지 말라己所不欲勿施於人"라는 구절일 겁니다. 성경에 나오는 황금률을 긍정문이 아니라 부정문으로 바꾸어 놓은 것처럼 보일 정도로 그 논리가 흡사합니다. 역시 《논어》에 나오는 "어진 사람이란 자신이 서고자 할 때 남을 서게 하고, 자신이 이루고자 할 때 남을 먼저 이루게 한다夫仁者 己欲立而立人 己欲達而達人"라는 긍정문도 있습니다. 또 사서삼경의 첫머리인 《대학》에는 혈구의 도絜矩之道라는 말이 나옵니다. "윗사람은 싫었던 것으로 아랫사람을 부리지 않고, 아랫사람은 싫었던 것으로 윗사람을 섬기지 말며, 앞사람에게 싫었던 것으로 뒷사람에게 먼저 하게 하지 말고, 뒷사람에게 싫었던 것으로 앞사람을 따르지 말며, 오른쪽 사람에게 싫어하는 일로 왼쪽 사람과 교제하지 말고, 왼쪽 사람에게 싫었던 것으로 오른쪽 사람과 사귀지 말라. 이것이 바로 혈구의 도다所惡於上 毋以使下 所惡於下毋以事上 所惡於前 毋以先後 所惡於後 毋以從前 所惡於右 毋以交於左 毋以交於右 此之謂絜矩之道"라고 말이죠.

이와 같이 자본주의를 살아갈 때 가장 중요한 것은 '내 마음'뿐 아니라 '남의 마음'을 헤아릴 줄 아는 것이며, 남의 마음의 입장에서 나의 행동과 말을 결정할 수 있는 능력은 도덕의 기반입니다. 더 나아가 공동체의 이익이라는 관점에서 나의 충동이나 욕구를 억제할 수 있는 태도와 능력을 가진 사람은 단지 고객과 고용주뿐만 아니라 사회 전체 차원에서 우대받을 것입니다.

다시 이윤 동기를 가지고 있는 제빵사로 돌아가 봅시다. 제빵사가 이윤 동기를 가지고 있다는 것은 곧 자기가 만드는 빵을 스스로 먹어 치우지 않고 팔아 치울 궁리를 하고 있다는 뜻입니다. 즉, 자기가 먹을 빵이 아니라 남이 먹을 빵을 만듭니다. 이게 시장경제의 핵심이며, 시장경제에서 살아갈 사람에게 가장 필요한 능력입니다. 나의 필요가 아니라 다른 사람의 필요에 따라 일하고 생산하는 것 말입니다.

문제는 이 다른 사람이 특정한 누구가 아니라는 것입니다. 아무리 마당발이라고 해도 아는 사람이 천 명이 넘지는 않습니다. 기업가는 자기가 전혀 알지 못하는 수많은 다른 사람의 필요를 충족시키기 위해 상품을 생산해서 공급하는 사람입니다. 심지어 그 상품이 기업가 개인에게 아무 소용없고 매우 싫어하는 것이라 해도 말입니다.

따라서 시장경제에서 성공할 수 있는 사람은 타인의 취향과 필요를 빨리 파악하고, 자신의 취향과 필요를 거기에 맞춰 억제할 수 있는 사람입니다. 다른 사람 입장에서 생각하고, 일하는 사람을 우리는 어떤 사람이라고 부를까요? 도덕적인 사람입니다.

구글의 모토는 "사악해지지 말자"입니다. 사악해지는 것은 도덕의 황금률을 반대로 행하는 것입니다. 나와 다른 사람 사이에 차별을 두고 나를 중심으로 다른 사람을 나의 수단으로 삼는 것입니다. 다른 사람, 사회, 혹은 고객을 헤아리지 않고 단지 더 많은 이윤만을 노릴 때, 그 기업은 사악해집니다. 사악해진 기업은 마치 고객의 필요를 헤아리고 있는 것처럼 속이고, 고객으로부터 자신들이 제공하는 재화와 서비스보다 터무니없이 많은 돈을 긁어모을 생각만 내세우게 됩니다.

탐욕의 가장 마지막 경지는 다른 사람의 필요와 취향을 충족시키는 행위 없이 돈만 벌어 가려는 것입니다. 어느 에어컨 수리 기사가 에어컨을 설치하다 고층 아파트에서 추락사한 참사가 있었습니다. 더구나 이 기사의 트럭에는 컵라면 등 허겁지겁 끼니를 때운 흔적이 남아 있어 더욱 많은 사람들을 눈물짓고 분노하게 했습니다. 밥먹을 시간도 없이 빡빡하게 일해야 하는 상황에서 안전조치를 꼼꼼하게 해 가면서 일하기란 매우 어려웠을 겁니다. 한창 시즌에 에어컨을 한 대라도 더 설치해서 더 많은 돈을 벌려고 했던 회사의 욕심, 그리고 그 욕심을 채우기 위해 에어컨 기사의 안전과 생명마저 위험에 노출시킬 수 있다는 탐욕이 끔찍한 결과를 가져오고 말았던 것입니다. 바로 이런 기업이 사악한 기업이며, 그런 일을 시키는 사람들은 사악한 사람들입니다.

자본주의는 시장에서 상품을 파는 기업과 기업에 노동력을 파는 노동자의 상호작용으로 움직입니다. 기업과 노동자는 모두 자기 자신이 아니라 다른 사람의 필요를 충족시켜야 합니다. 기업가는 자기 자신의 꿈, 자기 자신의 필요와 취향이 아니라 고객들의 꿈, 고객들의 필요와 취향을 충족시켜야 합니다. 심지어 필요와 취향에 그치지 않고 비위까지 맞춰야 하는 경우도 많습니다. 자신의 기준을 내세우면서 고객에게 성을 내는 기업가는 절대 성공할 수 없습니다. 노동자 역시 자기가 하고 싶은 일, 자기 기질과 적성에 맞는 일만 할 수는 없습니다. 노동자는 기업이 필요로 하는 인력이 바로 자신임을 보여 주어야 채용되고 임금을 받을 수 있습니다. 기업가와 노동자는 모두 다른 사람을 위해 살아감으로써 결과적으로 자기 자신도 살아갈 수 있습니다.

자본주의에서 기업가와 노동자는 일면식도 없는 불특정 다수의 고객, 난생 초면의 고용주를 만나야 합니다. 기업가들은 고객의 취향과 필요를 충족시켜야 한다고 말은 하지만 도대체 그 고객이 어떤 고객인지 알지 못합니다. 고객은 다만 무정형의 집합을 지칭할 뿐 특정한 누군가가 아닙니다. 그렇다고 모든 사람에게 한 사람 한 사람씩 "당신이 필요로 하는 상품이 무엇입니까?"라고 물어볼 수도 없습니다. 그러니 고객의 취향과 필요를 어떻게 알고 대처할 수 있단 말입니까?

하지만 가능합니다. 인간은 사회, 공동체를 이루어 살기 때문입니다. 사회학자 허버트 미드가 말했듯이, 인간은 "일반화된 타인의 관점", 즉 "사회의 관점"에서 자신을 바라볼 수 있는 능력이 있습니다. 우리는 개개인, 가령 권재원이 무엇을 원하는지, 이명박이 무엇을 원하는지 그 마음속을 들여다볼 수는 없습니다. 그러나 '사람들'이 무엇을 원하는지는 짐작할 수 있습니다. 즉, 내가 몸담고 있는 공동체의 일반적인 취향, 기호, 가치는 알 수 있습니다. 그리고 대부분의 공동체는 구성원들에게 그 일반적인 취향, 기호, 가치를 전수합니다. 그리고 나의 욕구, 나의 충동에 즉각 반응하는 대신 사회, 공동체 일반의 욕구와 충동을 헤아리는 훈련을 시킵니다. 이것이 바로 도덕의 황금률입니다.

그런데 나 자신의 욕구, 충동이 아니라 사회의 일반적인 취향, 기호, 가치를 파악하고 그에 따라 행동할 수 있는 사람이 당연히 기업가로나 노동자로나 성공할 가능성이 훨씬 큽니다. 즉, 도덕적일수록 더 성공합니다. 사업을 해서 성공할 수 있는 사람은 돈에 환장한 수전노가 아니라 다른 사람과 공동체를 헤아릴 줄 아는 도덕적인 사람들입니다. 막스 베버가 자본주의 발전의 조건으로 화폐경제, 상품경제의 발전보다도 기업가 윤리의 등장을, 그래서 산업혁명보다 종교개혁을 더 결정적으로 본 까닭이 바로 이것입니다.

어릴 때부터 자신의 욕구와 충동을 억제하면서 다른 사람이나 공동체를 헤아리는 태도와 능력을 갈고닦지 않았던 사람, 즉 충분히 도덕적이지 않은 사람이 기업을 시작해야 해서, 혹은 일자리를 구해야 해서 그 즉시 도덕적이 될 수는 없습니다. 또 도덕적이라야 한다는 사실을 알아도, 또 어떻게 하면 도덕적이 될 수 있는지 상세하게 알아도 그 사람이 도덕적이 되는 데는 별 도움이 되지 않습니다.

여기서 우리는 공자의 위대한 통찰력을 엿볼 수 있습니다. 《논어》의 첫마디가 바로 "배우고 때로 그것을 익히면" 아니겠습니까? 도덕적인 능력을 갖추기 위해서는 의식적인 배움과 수련, 즉 학습의 과정이 필요합니다. 이는 어릴 때부터 교육을 통해 갈고닦아서 습관이 되어야 합니다. 이 과정이 부족했던 사람은 비도덕적이라고 욕을 먹을 뿐 아니라 '돈을 벌기' 위한 일에서조차 실패할 가능성이 큽니다. 자기 욕심을 억제할 줄 모르기 때문에 자기 욕심을 충족시키는 일에서조차 실패하는 역설에 빠지는 것입니다.

도덕이 밥 먹여 줍니다. 물론 일부 비도덕적인 재벌과 정치인 들의 거대한 부정부패를 보면 "이래도 도덕?"이라는 말이 저절로 튀어나옵니다. 하지만 그들은 극소수에 불과합니다. 비도덕적인 인물들의 말로는 재벌, 정치인보다는 범죄자나 실패자일 가능성이 훨씬 큽니다. 반면 도덕적인 인물은 저런 사람들 같은 엄청난 부를 움켜쥐지는 못하겠지만 어느 정도 성공적인 삶을 누릴 가능성은 훨씬 높습니다.

꿈의 크기와 자발성의 차이가
삶을 결정합니다

　3년마다 한 번씩 OECD에서는 PISA라고 하는 국제학생평가를 실시합니다. 만 15세 학생들을 대상으로 치러지는 학생 평가 프로그램입니다. 조정래라는 노작가는 우리나라 학생들이 공부는 제일 많이 하고 성적은 꼴찌라는 말을 하고 돌아다녔는데, 사실을 전혀 모르는 이야기입니다. 사실은 압도적으로 최상위권에 랭크되어 있습니다. 그리고 그분만 모르는 사실이지 웬만한 분들은 우리나라 학생들이 이 국제평가에서 최상위권이라는 것 정도는 알고 있습니다.

　어떤 분들은 우리나라 학생들이 사교육을 많이 받기 때문에 높은 점수가 나온 것뿐이라며 폄하합니다. 그렇게 말씀하시는 분들은 PISA의 평가 요목이 무엇인지, 그리고 실제로 어떤 문항인지 한 번도 보지 않고 말씀하시는 게 분명합니다. 한 번만 보면 그런 말은 하기 어렵습니다. PISA의 평가 내용은 단순 암기, 문제풀이 연습으로 해결할 수 있는 것들이 아닙니다. 오히려 암기해야 할 지식의 범위는 그리 넓지 않습니다. 중요한 것은 그것들을 가지고 어떻게 조직하고 분석하고 평가하는가입니다. 적어도 2012년 이전에는 우리나라 학원들이 이런 능력을 키워 준다는 말은 들어보지 못했습니다. 일부 자기주도적 학습 컨설팅 등의 간판을 달고 있는 학원이 있기는 하지만, 그 수도 적고 비용도 비싸서 아주 보편적인 것은 아닙니다. PISA는 강남 학생들을 대상으로 하는 평가가 아니라 전국을 대상으로 무작위 표본 추출을 합니다. 고급 사교육을 많이 받은 학생들이 대세에 영향을 끼칠 만큼 많이 선발될 가능성은 높지 않습니다. 그러니 우리나라 학생들이 PISA에서 거둔 높은 성취는 그 자체로 의미가 있습니다.

그런데 저는 PISA 점수가 아니라 함께 실시되는 여러 가지 학습 환경(문화, 풍토, 심리 상태, 제도 등) 조사에 더 관심이 많습니다. 언론에서는 우리나라가 OECD에서 몇 등인지에 대해서만 관심을 보이고 호들갑이지만, 사실은 이런 조사 결과들이 훨씬 흥미 있고 시사하는 점도 많습니다.

이 중 학습 효율화 지수라는 것이 있습니다. 학생들의 점수를 학습 시간으로 나눠 산출한 것입니다. 만약 이 숫자가 크다면 비교적 짧은 시간을 공부하고도 높은 성취를 거둔 것이니 학습 시간을 효율적으로 사용한 셈이 됩니다. 그런데 여기서 매우 유감스러운 결과가 나왔습니다. 우리나라 학생들의 PISA 점수는 매우 높아서 OECD에서는 최고 수준, 그리고 세계적으로도 최상위권이지만, 이 점수를 학습 시간으로 나누었더니 뚝 떨어져서 무려 40퍼센트나 감점됐습니다. 그 결과 OECD 24위, 그러니까 중하위권이 되고 말았습니다. 반면 핀란드나 일본은 점수를 학습 시간으로 나누어도 별로 변화가 없어서 여전히 상위권을 유지하고 있습니다. 결국 이 결과를 액면 그대로 받아들이면 우리나라 학생들은 핀란드나 일본 학생에 비해 공부에 쏟아붓는 시간이 40퍼센트나 더 많으면서 비슷한 점수를 받아온다는 뜻이 됩니다.

이게 대체 무슨 말일까요? 우리나라 학생들이 핀란드나 일본 학생들보다 지능이 40퍼센트나 떨어지기 때문에, 훨씬 더 많은 시간을 공부해야 겨우 비슷한 수준에 도달한다는 뜻일까요? 누구도 여기에 동의하지 않을 겁니다. 그렇다면 남은 결론은 하나입니다. 더 이상 안 해도 되는 공부를 위해 40퍼센트나 되는 시간을 의미 없이 쏟아부었다는 뜻입니다. 하루는 어느 나라나 똑같이 24시간이기 때문에 40퍼센트나 더 많은 공부 시간을 썼다는 것은 결국 다른 활동에 필요한 시간을 그만큼 희생했다는 뜻입니다. 그렇다면 과연 어떤 시간을 희생했을까요?

우선 잠입니다. 한국청소년정책연구원의 조사에 따르면, 우리나라 청소년의 수면 시간은 중학생은 7시간 정도이며 고등학생은 6시간에도 미치지 못합니다. 미국 국립수면재단의 권고에 따르면 14~18세 청소년들의 권장 수면 시간은 8~10시간입니다. 그리고 미국, 영국, 핀란드 등 대부분의 선진국 청소년들은 평균 8시간 30분 이상씩 푹 자고 있습니다. 하지만 우리나라 청소년들은 중학생은 1시간, 고등학생은 무려 3시간이나 수면이 부족합니다.

2시간 정도 잠자는 시간을 줄여가며 무엇을 했을까요? 공부했습니다. 잠자는 시간만이 아닙니다. 여가 시간도 절대적으로 부족합니다. 우리나라 청소년의 여가 시간은 하루 평균 4시간 남짓입니다. 문제는 그 여가 시간의 질입니다. 여가 시간이 주로 오후에서 초저녁에 분포되어 있다면 요모조모 알차게 쓸 수 있을 겁니다. 하지만 애석하게도 늦은 밤, 심지어 새벽이라고 불릴 만한 시간에 모여 있습니다. 어쩌면 그만큼의 여가 시간이라도 확보하기 위해 다른 나라 청소년보다 잠을 2시간 이상 덜 자는 것일지도 모릅니다. 미국 청소년만큼 잠을 잔다면 90분밖에 남지 않으니까요. 즉, 우리나라 청소년의 여가 시간은 학원 끝나고 밤 10시 넘어 집에 온 뒤, 잠 안 자고 깨작거리는 시간이 절반입니다. 그러니 여가활동의 질도 크게 떨어집니다. 신체활동을 할 수도 없고, 음악 같은 활동을 할 수도 없습니다. 그저 할 수 있는 일이라고는 텔레비전을 보거나 컴퓨터 게임을 하거나 SNS로 수다 떠는 일 정도일 것입니다.

흔히 부모님들은 자녀가 텔레비전이나 컴퓨터 게임으로 시간을 낭비한다고 탄식합니다. 그런데 아이들도 좋아서 하는 게 아니라는 점을 아셔야 합니다. 실제로 통계청 조사에 따르면 청소년들 역시 텔레비전이나 컴퓨터 게임으로 시간을 낭비하고 싶어 하지 않는 것으로 나오니까요.

그럼 가장 많이 하고 싶어 하는 여가활동은 무엇일까요? 다름 아닌 여행입니다. 그다음으로는 문화예술 관람, 스포츠 활동 등이 뒤를 잇습니다. 이게 부모님이 바라는 여가활동의 모습과 다릅니까? 같습니다. 자녀들도 부모님이 바라는 그런 고급진 여가활동을 하고 싶어 합니다. 하지만 막상 현실은 텔레비전 시청이나 컴퓨터 게임입니다. 즉, 우리나라 청소년들은 텔레비전이나 컴퓨터 게임을 좋아하는 것이 아니라 그것 외에는 달리 여가활동으로 할 수 있는 게 없어서 그렇게 시간을 보내는 겁니다. 그거나마 하는 게 안 하는 것보다는 나으니까 말입니다.

상황이 이런데 "우리 아이들이 왜 이 모양이 되었을까요?"라고 물어보는 건 어리석은 일입니다. 늦은 밤에 할 수 있는 여가활동이 저 두 개 말고 뭐가 있겠습니까? 그 시간에 무슨 스포츠며 무슨 문화예술 관람입니까? 게다가 여행이나 문화예술 관람은 시간이 많이 걸리는 활동입니다. 하루에 겨우 서너 시간의 여가활동 시간이 주어지는 청소년들이 마음껏 즐기기에는 무리가 많습니다.

결국 우리나라 학생들은 잠을 2시간 줄이고, 또 하고 싶은 취미나 여가활동도 포기한 대가로 다른 나라 학생들보다 40퍼센트나 더 많은 시간을 짜내 공부를 더 하고 있는 셈입니다. 그리고 본인들도 그다지 좋아하지 않는 텔레비전, 컴퓨터 게임으로 그 스트레스를 달래며 말입니다. 그런데도 그 결과는 다른 나라와 비슷한 수준의 성취도에 불과합니다. 한심한 노릇입니다. 차라리 공부 시간을 40퍼센트 줄이고 그 시간에 여행도 가고, 운동도 하고, 문화예술 관람도 했더라면 삶이 얼마나 더 풍성해졌을까요?

이런 처지에 있으니 불행할 수밖에 없습니다. 우리나라 학생들은 행복하다고 응답한 비율이 OECD에서 제일 낮았습니다. 그야말로 꼴찌입니다. PISA 조사 결과뿐만 아니라 그 어떤 조사에서도 우리나라 어린이와 청소년 들의 행복도는 늘 바닥을 달립니다. 세계 최고의 학업성취도, 세계 최저의 행복. 이 양면이 바로 여러분 자녀들의 자화상입니다.

그렇다고 무작정 아이들을 놀리자는 말을 하는 것은 아닙니다. 공부를 많이 한다고 해서 반드시 불행한 것은 아니고, 펑펑 놀고 있다고 해서 반드시 행복한 것은 아니니까요. 아무리 여가 시간이 많고 놀거리가 풍부해도 삶의 목적이 없는 상태에서 달리 할 게 없어서 놀 수밖에 없다면, 그 놀이는 놀이가 아니라 고역일 겁니다.

그렇습니다. 중요한 것은 삶의 목적입니다. 그리고 그 삶의 목적과 연결 지었을 때 지금 하고 있는 공부가 어떤 역할을 하는가에 대한 자각, 즉 공부의 의미입니다. 사람은 의미를 추구하는 존재입니다. 아무리 힘들고 고통스러운 일이라도 그 속에서 의미를 찾을 수 있다면 초인적인 힘을 발휘해 견딜 수 있지만, 의미를 찾지 못하는 일은 조금도 견디지 못하고 고역으로 느끼는 존재입니다. 그리고 그 의미라는 것은 자신의 삶 전체의 목적에서 그 일이 차지하고 있는 역할입니다. 그리고 자신의 삶의 목적이라는 것 역시 공동체, 국가, 혹은 더 나아가 인류의 역사 등 더 크고 넓은 전체에 기여할 수 있을 때 보다 큰 의미를 가집니다.

이런 점에서 PISA 2012의 조사 결과 중 매우 참담한 자료가 하나 있었습니다. '자녀가 학위를 받기 바라는 부모의 비율', 그리고 '자녀가 전문직에 종사하기를 바라는 부모의 비율'이었습니다. 둘 다 세계 최고 수준으로 높아서가 아닙니다. 둘 중 하나만 높고 하나는 낮아서입니다.

우리나라 학부모님들의 꿈은 의외로 소박했습니다. 자녀가 전문직에 종사하기를 바라는 비율이 다른 나라와 비교할 때 오히려 낮은 편에 속했습니다. 흔히 교육운동 하시는 분들은 "판검사, 의사가 되는 것이 교육의 목적은 아니지 않습니까?"라고 이야기합니다. 그런데 그건 그분들이 학생이던 시절의 이야기입니다. 요즘 학부모들은 자녀가 의사, 판검사가 되기를 구태여 바라지 않습니다. 그래서 자녀가 장차 전문직에 종사하기를 바라는 비율은 다른 나라에 비해 낮은 편에 속했습니다. 오히려 독일 학부모들이 우리보다 훨씬 높았습니다.

여기서 반전이 일어납니다. 자녀가 학위를 받기를 바라는 비율은 다른 어느 나라보다도 높은 압도적인 1위였습니다. 반면 독일 학부모들은 자녀가 학위를 받기 바라는 비율이 매우 낮았습니다. 자, 이게 무엇을 말하는 것일까요? 독일 학부모들은 자녀가 전문직에 종사하기를 바랍니다. 하지만 자녀가 공부를 잘해서 가방 끈의 길이를 늘리는 것은 그리 바라지 않습니다. 반대로 우리나라 학부모들은 자녀가 전문직에 종사하는 것까지는 굳이 바라지 않습니다. 대체로 소박하고 안정적인 삶을 바랄 뿐입니다. 그럼에도 불구하고 우리나라 학부모들은 세계 어느 나라 학부모보다도 자녀가 공부를 잘해서 가방 끈을 늘리기를 바랍니다.

위험 신호입니다. 자녀에게 과도한 공부를 강요하는 부모님들이 정작 공부를 왜 해야 하는지에 대한 목표를 가지고 있지 않다는 것을 보여 주기 때문입니다. 이른바 목표와 노력의 불일치입니다. 만약 자녀가 운동선수가 되는 걸 바라지 않으면서 매일같이 엄청난 훈련을 시키는 학부모가 있다면 어떻게 말씀하시겠습니까? 그게 정상이겠습니까? 그리고 운동선수 될 것도 아닌데 힘든 훈련을 해야 하는 학생이라면 어떤 생각을 하겠습니까? 그런 생활 속에서 행복을 느낄 수 있을까요? 부모가 하라니까 하고, 야단맞지 않으려고 할 뿐입니다. 그 시간이 얼마나 고역이겠습니까? 마찬가지로 전문 직에 종사할 것도 아니면서 초등학교 때부터 그토록 공부에 대한 강요와 공부를 위한 억압 속에서, 그야말로 공부를 위해 삶을 저당 잡혀야 하는 우리나라 학생들의 처지는 어떻겠습니까? 잠을 줄이고, 여가 시간도 줄여 가며 학교가 끝난 다음에도 몇 시간씩 학원에 가서 공부를 해야 하는데, 그 이유가 겨우 평범한 직장인, 공무원이라면 너무 허망하지 않을까요?

오해 없으시길 바랍니다. 저는 직장인과 공무원을 무시하거나 폄하할 생각은 없습니다. 직장인과 공무원은 매우 중요한 일을 하는 사람들입니다. 다만 직장인과 공무원에게 요구되는 것이 그토록 엄청난 공부인가 하는 겁니다. 평범하고 소박한 삶은 그 자체로 가치가 있습니다. 하지만 평범하고 소박한 삶을 향한 과정도 평범하고 소박해야 합니다. 그런데 우리나라 학생들은 미래의 삶으로는 평범하고 소박한 삶을 제시받으면서, 공부에 관한 한 마치 이루지 못할 꿈이라도 세워 놓은 것 같은 결사적인 태세를 요구받습니다. 이 불균형이 바로 우리 학생들이 느끼는 불행감의 원천이 아닐까요? 차라리 전문직에 종사하기를 바라는 비율이 높으면서 공부에 대한 강압이 강한 것이 낫습니다. 그럼 힘들지언정 의미는 있었을 테니 말입니다.

그리스 신화에 시지포스가 받는 벌 이야기가 나옵니다. 저는 시지포스가 받는 형벌 자체는 매우 가볍다는 점에 주목했습니다. 기껏 해야 돌을 굴려서 언덕을 오르는 것입니다. 문제는 이 일을 끝없이 반복하는 것이죠. 그리고 더 큰 문제는 이 돌을 굴려서 언덕에 올라간다 하더라도 그렇게 굴려서 간 돌이 무엇에 어떻게 사용되는지 알 수 없다는 겁니다. 왜적이 쳐들어온다는 소식을 듣고 산성을 쌓는다고 하면 시지포스가 굴리는 돌보다 몇 곱절 더 무거운 돌을 산 꼭대기까지 끌고 가야 합니다. 험준한 두타산에 빼곡하게 쌓여 있는 산성을 보면 이 높고 험한 산꼭대기까지 돌을 지고 오르내리느라 힘들어하셨을 조상님들의 모습이 눈앞에 선합니다. 하지만 그분들은 힘든 줄 모르고 했을 겁니다. 한시라도 빨리 만들어야 사랑하는 가족들을 안으로 피신시켜서 왜적의 흉수로부터 지킬 테니까요. 이게 바로 '의미'가 가지고 있는 힘입니다. 칭찬이 아니라 의미가 고래를 춤추게 합니다.

사람은 생각하는 동물입니다. 이는 곧 어떤 일을 할 때 그 일의 의미를 찾는 존재라는 뜻입니다. 만약 시지포스에게 티탄족과 싸우기 위한 요새를 지어야 하니 되도록 많은 돌을 굴려서 가지고 와야 한다고 말했으면 아마 훨씬 덜 괴롭게 벌을 받았을 겁니다. 우리나라 학생들이 경험하는 학습의 고통은 학습의 부담이 많아서가 아니라 그 학습의 의미를 찾을 수 없기 때문입니다.

사실 학습 부담으로 치면 홍콩 학생들도 만만치 않습니다. 2014년 10월, 이른바 우산 혁명 당시 세계인들은 홍콩 젊은이들의 과감한 가두시위뿐 아니라 농성을 하는 와중에도 책과 공책을 펼쳐 놓고 숙제를 하는 모습에 놀랐습니다. 우리나라가 아무리 과잉 학습 사회라고 해도 촛불시위 하러 나와서 공부하고 있는 학생은 본 적 없습니다. 홍콩 학생들이 더 지독하게 공부한다고 봐야겠죠. 그럼에도 불구하고 홍콩 학생들이 우리 학생들보다 행복도가 훨씬 높은 까닭은 무엇일까요? 공부를 열심히 해서 홍콩대, 과기대, 중문대에 진학할 학생들, 즉 소박하게 살지 않을 학생들만 열심히 공부하기 때문입니다. 그리고 그들은 그래야 할 이유가 충분히 있고요. 공부하고 있는 학생들이 주로 사진에 찍혀서 그렇지, 나머지 학생들은 시위하러 나와서까지 공부하고 있지는 않았을 겁니다.

저 역시 엄청나게 많은 공부의 압박을 받으며 아동기와 청소년기를 보냈습니다. 어머니는 우스개로 숫자 세는 법을 잊어버린 분이셨습니다. 숫자를 2까지만 세셨으니까요. 1등, 2등, 나머지는 다 꼴등. 이런 분위기에서 느낀 학업 스트레스는 상상을 초월했습니다. 하지만 어머니는 "뭐라도 해서 먹고살려면 공부를 잘해야지" 같은 말씀은 하지 않았습니다. 어머니는 제가 남들보다 탁월한 인물이 되길 바라셨습니다. 그 탁월한 인물이 어떤 인물을 말하느냐에 관해서는 저와 생각이 많이 달랐습니다만, 적어도 어머니에게 소박한 꿈과 과도한 노력의 불균형은 일어나지 않았습니다.

사람은 의식적인 존재, 즉 호모 사피엔스입니다. 사람은 어떤 일을 하기 전에 그 일이 완성된 상태를 머릿속에 먼저 그릴 수 있기 때문에, 또 머릿속에 먼저 그려진 그 표상을 근거로 일을 하기 때문에 사람입니다. 우리는 현실에 존재하지 않으나 우리 머릿속에 존재하는 것, 그리고 현실에 그것이 존재했으면 하고 바라는 것을 통칭하여 '꿈'이라고 합니다.

꿈이 클수록, 그리고 그 꿈이 자기 스스로 그려낸 것일수록 사람들은 그것을 실현하기 위한 과정에서 겪게 될 노고와 고통을 보다 쉽게 감당합니다. 똑같이 변호사가 되는 것이 꿈인 학생이라 할지라도 세상을 정의롭게 만들고 힘없고 가난한 사람들을 돕기 위해 변호사가 되려는 학생이 돈을 많이 벌기 위해 변호사가 되려는 학생보다 법률 공부의 고단함을 훨씬 즐겁게 통과합니다. 꿈의 크기와 자발성의 차이 때문입니다.

그런데 꿈이 작은데다가 그마저도 부모에 의해 주어진 것이라면 아이들은 어떻게 느낄까요? 더구나 그것을 이루기 위해 어른이라면 부당노동행위로 노동청에 고발이라도 해야 할 정도로 엄청난 시간의 공부를 강요당한다면 과연 아이들이 제대로 견뎌낼 수 있을까요? 어찌어찌 견뎌낸다 하더라도, 그 대가로 많은 것을 희생하지 않을까요? 그래서 불행한 것입니다.

저는 아이들을 마음껏 놀게 해야 한다는 식의 주장에 찬성하지 않습니다. 아이들은 힘든 과정을 겪어야 하며, 공부도 열심히 해야 합니다. 단, 그 힘든 과정과 공부가 목표로 하는 꿈과 균형을 이루어야 합니다. 되도록이면 크고 멋진 꿈을 가지게 하고, 그 꿈을 위해 힘든 과정을 견디게 하길 바랍니다. 만약 자녀가 그런 크고 멋진 꿈보다는 현실적이고 소박한 삶을 살아가기 바란다면, 그 꿈의 크기에 맞는 정도의 노력만 기대하셨으면 합니다. 그 대가로 아이들의 웃음을 되찾을 수 있을 겁니다.

시험공부는 절대
공부가 될 수 없습니다

2016년, 사법고시에 합격한 현직 변호사가 9급 공무원 시험에 응시했으나 낙방했다는 뉴스가 사람들에게 두 가지 충격을 주었습니다. 하나는 그 어려운 관문을 뚫고 변호사가 된 분이 9급 공무원이 되려고 했다는 것, 다른 하나는 세상에서 제일 어려운 시험이라는 사법고시를 통과할 정도로 실력 있는 분이 그보다 두 단계나 아래인 9급 공무원 시험에 떨어졌다는 것입니다.

사실 변호사라고 하면 의사와 함께 우리나라 최고의 전문직으로 모두가 선망하는 직업 아닙니까? 아무리 요즘 공무원이 인기라고는 하지만 최하직급인 9급 공무원의 보수 수준은 변호사와는 아예 비교도 되지 않을 정도로 초라합니다. 공무원의 안정성을 이유로 들지만, 변호사 역시 안정성 측면에서는 역사적으로 검증받은 직업입니다. 이미 고대 로마 시대부터 변호사는 최고의 직업으로 꼽혔습니다. 키케로와 카이사르가 모두 변호사 출신입니다. 미국의 빌 클린턴, 버락 오바마 대통령, 그리고 최초의 여성 대통령이 될 뻔했던 힐러리 클린턴 역시 모두 변호사 출신입니다. 그러니 변호사는 아무리 시대가 바뀌어도 가장 훌륭한 직업의 위치를 지킬 가능성이 큽니다.

그런 변호사가 뭐가 아쉬워서 하위직 공무원이 되겠다고 나섰을까요? 더구나 그 어려운 사법고시까지 패스한, 시험에는 도사라고 할 수 있는 변호사가 왜 시험에서 떨어졌을까요? 선발 인원에 비해 너무 많은 응시생이 몰려서 작은 오차로도 당락이 결정되는 상황이라 그랬을 것입니다.

실제 사정이야 당사자만 아는 것이라 단언하기가 조심스럽지만, 제 생각에는 그 변호사가 변호사로서의 자신의 직무에서 그다지 성공적이지는 않았을 거라고 짐작합니다. 적성에 맞지 않았을 수도 있고, 혹은 변호사로서 업무를 수행할 능력이 부족했을 수도 있겠죠. 법조계 이야기를 들어보면 때려치우고 9급 공무원 시험을 칠 정도로 극단적이지 않아서 그렇지, 업무 부적응 혹은 부적합 변호사의 사례는 그렇게 드문 일이 아니라고 합니다. 많은 신임 변호사가 실제 상황에서 그만 당황하고 무너진다는 겁니다. 변호사가 되기 위해 그토록 열심히 공부했는데 왜 그럴까요? 저는 바로 거기에 답이 있다고 생각합니다. '변호사 공부'를 한 것이 아니라 '변호사가 되기 위한' 공부를 해 왔기 때문입니다.

말장난처럼 보이겠지만, 사실 이 둘에는 엄청난 차이가 있습니다. 바로 공부와 시험공부의 차이입니다. 이게 말장난처럼 보이는 까닭은 그동안 우리나라에서 공부라고 하면 으레 시험공부를 뜻했기 때문입니다. 고정된 책상과 의자에 앉아서 다른 사람들과 완전히 단절된 가운데, 모든 사람에게 똑같이 주어지는 시험지를 보고 답안지에 '정답'을 적어야 하는 바로 그 시험을 준비하는 공부 말입니다. 하지만 공부란 어떤 분야에 필요한 능력과 지식, 즉 실력을 갖추기 위한 과정을 통틀어서 말하는 것이며, 시험공부는 시험이라는 평가에서 높은 점수를 받기 위한 과정입니다. 그리고 시험공부는 절대 공부가 될 수 없습니다.

시험이란 어떤 분야에서 실력이 있는 사람이라면 이 정도 문제는 풀 수 있을 것이다라는 전제 아래 선정된 평가문항들로 이루어져 있습니다. 문제는 시험을 치는 상황과 실제 그 분야에서 겪어야 하는 상황이 너무 동떨어져 있는 경우가 많다는 겁니다. 어느 분야든 실제로 발휘해야 할 실력은 시험지에 인쇄된 문항들에서 정답을 골라내는 것과는 상당히 다릅니다. 따라서 실력을 연마하는 공부를 한 학생이 시험에서도 높은 점수를 받을 수는 있지만, 시험공부를 해서 높은 점수를 받은 학생이 실력을 발휘할 가능성은 훨씬 낮습니다. 안타깝게도 시험 점수만으로는 실력이 있어서 점수가 높은지, 시험공부를 열심히 해서 점수가 높은지 식별하기 어렵습니다. 심지어 시험공부를 열심히 한 사람이 실력을 쌓은 사람보다 시험 점수가 더 높은 경우가 대부분입니다. 그래서 시험에서 높은 점수를 받은 사람을 그 분야의 실력자로 선발할 경우 이 중에는 실력은 없이 점수만 높은 사람들이 섞여 있을 수밖에 없습니다. 우리나라처럼 기출문제가 공개되고, 문제풀이 연습을 공부라는 이름으로 많이 하는 나라에서는 그 비율이 더 높을 겁니다.

변호사 이야기로 돌아가 보겠습니다. 변호사에게 필요한 실력이 뭘까요? 의뢰인과의 상담, 의뢰된 사건의 검토와 분석, 재판에서 이길 수 있는 법리의 개발과 적용, 재판정에서의 변론 등을 잘하는 것입니다. 이런 일들은 사법고시라는 시험처럼 모범 답안과 정답이 딱딱 떨어지지 않습니다. 안 그래도 복잡한 인간사인데, 그중에서도 꼬이고 꼬인 일을 만나야 하는 세계가 바로 변호사가 일상처럼 살아야 하는 송사의 세계입니다. 게다가 대부분의 사건은 법조문과 판례로 딱 떨어지지 않습니다. 만약 그랬다가는 빅데이터를 처리하는 인공지능이 변호사를 대신해 버렸겠죠. 사건 속에는 이야기가 있고, 사연이 있고, 맥락이 있습니다. 특히 민사재판 같은 경우는 더더욱 그렇습니다. 이 이야기, 사연, 맥락을 파악하고 법리와 결합시켜 새로운 이야기, 사연, 맥락을 만들어 내야 재판에서 이깁니다.

변호사로서의 실력과 사법고시에서 높은 점수를 받는 능력 사이의 간극이 매우 크다는 것을 알 수 있습니다. 변호사 수가 많지 않았던 1990년대까지만 해도 그 간극은 큰 문제로 느껴지지 않았습니다. 어차피 변호사가 모자랐기 때문에 점수만 높고 실력이 부족한 변호사라 하더라도 실력 있는 변호사에게 고용되거나 동업하면서 보조 역할을 담당하면 됐으니까요. 그렇게 살아도 웬만한 직장인들보다 훨씬 윤택한 삶을 살 수 있었습니다. 그러니 사법고시는 "이 시험만 통과하면 고생 끝 행복 시작"의 의미를 가졌습니다. 변호사로서의 실력을 기르기보다는 이 고시를 통과하기 위한 시험공부에 올인했고, 일단 시험을 통과한 다음의 일은 그다지 고민하지 않았습니다.

하지만 2000년대 이후 변호사 숫자가 부쩍 늘어나면서 경쟁이 치열해졌습니다. 실력 없는 변호사가 설 수 있는 자리가 점점 줄어들었습니다. 실력과 시험 점수의 간극이 작은 문제가 아니게 되었습니다. 시험에 합격하면 끝나는 줄 알았는데, 시험에 합격하고 나니 스스로 실력을 증명하고 키워야 하는 새로운 도전이 시작되었습니다. 게다가 이제부터 보여 주어야 할 실력은 시험 점수가 아닙니다. 실제로 일을 하면서 실적으로 입증해야 합니다. 또 시험 점수는 혼자 고독한 노력을 통해 성취할 수 있었지만, 실적은 의뢰인, 함께 일하는 동료, 주변 사람들의 인정을 통해 입증받습니다. 시험 점수가 높은 사람들이 실제 실력이 발휘되어야 하는 상황에서 취약해질 가능성이 점점 높아집니다. 우리가 살아가며 부딪쳐야 할 실제의 세계는 책상과 의자로 이루어진 세계가 아니며, 실제 세계에서 풀어야 하는 문제는 시험 문제 같은 형식이 아니니 말입니다.

이런 현실은 고려 광종 이후 우리나라를 수백 년간 지배했던 시험 사회가 무너지고 실력 사회로 재편되고 있는 거대한 변혁을 단적으로 보여 줍니다. 그런데 우리는 그동안의 시험 사회에 너무나 익숙해져 있습니다. 시험을 통해 어떤 자격, 자리, 직책을 얻기 위해 모든 힘을 쏟아 붓고 일단 시험을 통과해 그 자격, 자리, 직책을 얻으면 그것만으로 성공이 확정되는 그런 방식 말입니다. 고려시대와 조선시대에는 과거시험에 합격하면 성공이 확정되었습니다. 가난하지만 열심히 공부하는 선비가 주인공인 조선시대 설화들을 보면 과거시험 합격 이후의 이야기는 이전보다 훨씬 간단하게 처리됩니다. 가령 이몽룡은 과거에 장원급제함으로써 춘향을 구원할 수 있는 지위에 올라갑니다. 그가 관료로서 어떻게 실력을 발휘하고 성공했는지에 대해서는 별 관심이 없습니다.

이러한 성공 모델, 시험 한 번으로 이후 인생의 성공이 결정되는 모델을 저는 '과거급제 모델'이라고 부르겠습니다. 그동안 우리 사회는 온통 과거급제 모델로 점철되어 있었습니다. 사회 모든 분야가 시험을 쳐서 인재를 선발했고, 일단 인재로 선발되고 나면 사실상 그 인생은 성공은 못하더라도 최소한의 안락한 삶을 보장받았습니다. 가장 보편적인 경로가 학력고사 잘 쳐서 명문대학에 진학하는 것이었습니다. 일단 명문대학에 진학하면 대기업 취업이 사실상 확정되었고, 대기업에 취업해 상무, 전무 승진 안 하고 만년 과장으로 눌러앉기로 작정하면 안정적인 삶이 가능했습니다.

그런데 세상이 바뀌었습니다. 이제는 사회 모든 분야에서 세계를 상대로 실력을 발휘해야 하는 상황입니다. 그런데 평생 시험을 위해서만 공부했고, 그나마도 일단 합격한 이후에는 하지 않은 사람들이라면 시험이 아닌 실전에서 무너질 수밖에 없습니다. 그래서 사회 곳곳에서 시험을 통한 인재 선발 방식을 버렸습니다. 기업이 먼저 버렸고, 사법고시가 폐지되었고, 교사 역시 시험으로 선발하는 방식이 심각하게 재고되고 있습니다.

하지만 아직까지 우리나라 사람들은 과거급제 모델 외의 다른 성공 모델을 잘 모릅니다. 또 평생 노력하며 실력을 키우고 입증해야 하는 인생보다 한 번 시험 잘 쳐서 남은 인생을 보장받는 인생이 더 편해 보이기도 합니다. 그런데 사회 곳곳에서 시험이 퇴출되고 있다 보니, 이제 몇 안 남은 과거급제 모델에 젊은이들이 몰릴 수밖에 없습니다. 평생 해 온 것이 시험 공부였으니 이 시험 한 번으로 남은 인생을 결정 볼 수 있는 몇 안 남은 영역에 몰려드는 것입니다. 그게 바로 공무원 시험입니다.

그런데 이 시험의 운명도 그렇게 많이 남은 것 같지 않습니다. 공무원에게 필요한 실력과 시험 사이의 괴리가 너무 크기 때문입니다. 그럼 시험이 아닌 다른 방법으로 공무원을 선발하겠죠. 하지만 실력을 키우기보다는 실력 있는 사람을 선발하는 방법에 익숙해지는 것을 공부라고 생각하는 풍토가 남아 있는 한, 이 문제는 해결되지 않을 겁니다. 실력을 계속 입증해 나가려는 태도보다 '선발' 한 방에 남은 인생을 몽땅 보장받으려는 봉건적 사고방식이 남아 있는 한 이 문제는 계속 꼬이고 꼬일 것입니다.

공부는 네 가지 단계가
중요합니다

공부 가르치는 선생이 학부모님들에게 공부 이야기를 너무 안 하는 것도 이상하니, 공부에 대한 말씀을 좀 드리겠습니다. 어쨌든 학교는 공부하는 곳이니까요. 그렇다면 학생들은 왜 공부를 해야 할까요? 뻔한 대답이겠지만, 살아가면서 필요한 지식과 기능을 배우고 익히기 위해서입니다. '배우고 익힌다' 낯익은 조합 아닙니까? 이게 바로 학습입니다. 영어의 learn이 이와 비슷한 의미를 가지고는 있지만, 학습은 learn과 exercise 혹은 apply의 의미를 함께 담고 있는 말입니다. 물론 요즘은 learn도 그런 의미로 사용되고는 있습니다.

학습이라는 말은 《논어》의 첫 문장인 "배우고 때로 익히면 기쁘지 아니한가學而時習之 不亦說乎"에서 나온 말입니다. 즉, 공부란 '학이

시습'입니다. 배운다는 것은 내가 알지 못했던 것, 내가 하지 못했던 것을 책을 통해서건 다른 사람의 말이나 행동을 통해서건 듣고 보면서 알게 되었다는 뜻입니다. 즉, 공부의 대상이 나의 바깥에 있고, 그것을 내 안으로 들여오는 과정이 바로 '배움學'입니다. 배움이란 내가 갖지 못했던 것을 외부에서 가지고 들어오는 것이기 때문에 나에게 없는 것을 이미 가진 다른 사람의 도움이 필요합니다. 그래서 나보다 먼저 그것을 알거나 할 수 있게 된 사람, 스승이 필요합니다. 스승을 흔히 선생先生님이라고 부르는 이유가 바로 이 때문입니다.

공자가 말한 "세 사람이 가고 있으면 그중 나의 스승이 될 사람이 하나 정도는 있다三人行必有我師"라는 말의 의미도 바로 여기에서 찾을 수 있습니다. 세상은 넓습니다. 그러니 세상에는 내가 아는 것보다 모르는 것이 많고, 내가 마주치게 될 사람들 중에 내가 알지 못하는 뭔가를 알고 있는 사람을 만날 가능성이 큽니다. 사실 어지간하지 않으면 우리는 저마다 누군가에게 스승이 될 수 있고, 만나는 모든 사람은 나에게 스승이 될 여지가 하나쯤은 있습니다. 당장 학부모들만 해도 자녀로부터 뭔가를 배운 경우가 많으실 겁니다. 그래도 만나는 사람마다 다 스승이라고 하긴 좀 과장된 것 같으니 내가 마주치게 될 사람들 중 적어도 셋 중 하나는 내가 배울 만한 뭔가를 알고 있다고 말한 것입니다.

배움이라는 것은 앎에 이르는 매우 효율적인 방법이기도 합니다. 주입식 교육이라고 하면 아주 낡은 것처럼 여기지만, 어차피 앎이란 내 안이 아니라 내 바깥에서 뭔가를 가지고 들어와야 하는 것입니다. 내가 이미 알고 있는 것, 내 안에 들어 있는 것을 가지고 아무리 머리를 쥐어짜더라도 새로운 것을 알게 될 가능성은 거의 없습니다. 칸트는 새로운 외부 경험 없이 이미 머릿속에 들어 있는 것만 가지고 새로운 것을 알아내려고 하다 보면 독단론에 빠진다고 경계했습니다. 그렇다면 내가 바깥에서 새로운 것을 알고자 한다면 이미 알고 있는 다른 사람의 도움을 받는 과정, 즉 배움의 과정이 필수적이며, 스승이 있어야 합니다.

공자가 "내가 전에 하루 종일 먹지 않고 밤새 자지도 않고 생각해 보지만 이득이 없었고 역시 배우는 것만 못했다吾嘗終日不食 終夜不寢 以思 無益 不如學也"라고 한 말의 의미도 그러합니다. 혼자서 아무리 끙끙거리며 고민해 본들, 이미 알고 있는 것의 범위를 벗어나기 어렵습니다. 결국 나보다 먼저, 더 많이 아는 사람의 도움을 받는 것이 훨씬 효과적인 공부 방법입니다. 악기나 새로운 운동을 익히려고 할 때 일주일에 한 시간씩이라도 레슨을 받는 것과 받지 않는 것은 천지 차이입니다.

하지만 배웠다고 해서 그게 곧 앎에 이르는 것, 즉 공부가 되는 것은 아닙니다. 바깥에서 수많은 지식과 정보를 머릿속에 집어넣는다

해도, 그걸 완전히 소화시켜 자기 것으로 만들고 상황에 따라 적재적소에 활용하지 못하면 그건 공부가 안 된 것이죠. 구슬이 서 말이라도 꿰어야 보배입니다. 우리가 공부하는 목적은 머릿속에 백과사전을 담아두기 위해서가 아닙니다.

따라서 배움 다음에 와야 하는 단계가 바로 '익힘習'입니다. 무엇인가를 배웠으면, 배운 것을 써먹을 만한 다양한 상황에 맞춰 실제로 사용하는 연습을 해서 완전히 내 것으로 만들고 그 이전에 배웠던 것들, 즉 내 머릿속에 먼저 들어 있던 지식들과 조화롭게 배치해 내 역량을 키워 나가는 그런 과정이 필요합니다. 흔히 연습練習한다고 하는데, 사실 이게 동어반복입니다. '연'이나 '습'이나 모두 익힘이라는 의미를 가지고 있으니까요. 결국, 배웠으면 다음에는 익혀야한다는 것입니다.

그럼 머릿속에 무엇을 집어넣는 것일까요? 인지과학자들은 앎, 공부의 단계를 다음과 같이 세웁니다.

자료 - 정보 - 지식 - 지혜

자료는 목적도 구분도 없이 흩어져 있는 상태의 각종 상징입니다. 수많은 글자를 읽고 외우더라도 그게 무엇을 위한 것인지 모르는 상태로 단순히 입력만 한다면 자료 저장에 불과합니다. 흔히 컴퓨터에 많은 자료가 들어 있다고 하는데 참으로 적절한 표현입니다. 컴퓨터에 저장된 그 많은 상징은 아직 어떤 용도로 사용할지, 그리고 무엇에 대한 것인지 정해지지 않았기 때문입니다. 자료를 많이 습득한 것은 공부에 도움이 될 수는 있겠지만 그 자체로는 아무런 공부가 되지 않으며, 중요성이 점점 줄어들고 있는 추세입니다. 자료야 구글 서버에 저장되어 있고, 검색어만 두드리면 무수히 쏟아져 나오는데 구태여 자료를 습득하기 위해 많은 노력을 들일 필요가 없는 것입니다.

정보는 구분과 목적이 지정된 것입니다. 따라서 정보는 반드시 '~에 대한' 정보로 존재합니다. 구글 검색창에 '권재원'이라고 치면 구글은 수많은 자료에서 권재원이라는 검색어와 관련된 것들을 골라서 띄워 주는데 이게 바로 '권재원에 대한 정보'가 되는 것입니다. 당연히 이 정보는 분류하는 기준이 정교할수록 가치를 획득합니다. 같은 자료를 가지고도 얻을 수 있는 정보는 사람마다 다릅니다. 누가 더 정교하고 정밀한 분류 기준을 세울 수 있느냐가 관건이죠. 검색창에 누가 더 적합한 검색어를 쳐 넣을 수 있느냐, 수십만 개의 검색 결과 중에 자신이 원하는 정보를 검색하도록 검색어를 좁혀 나갈 수 있느냐에 따라 하늘과 땅 차이가 납니다.

여기까지는 공부 잘한다는 학생들이 곧잘 합니다. 혹은 이른바 세상에서 공부 좀 한다고 하는 학생들이 대체로 이런 능력을 가지고 있습니다. 교과서, 수업 시간, 학원 등등 수많은 배움터에서 입력된 엄청난 자료를 핵심 개념별로 정리하고 단원별로 정리하고, 또 출제 가능성에 따라서도 정리해 놓아서 언제든지 인출할 수 있는 학생들이니까요.

하지만 이 학생들이 과연 지식을 가지고 있느냐 하고 물어본다면 그렇지 않다고 할 것입니다. 지식은 필요한 자료를 그때그때 꺼내서 쓸 수 있는 능력 이상의 것입니다. 지식은 상황에 따라 필요한 정보를 인출할 수 있는 능력을 넘어, 그러한 상황들을 보편화하여 일반적인 법칙, 일반적인 원리 수준까지 알 수 있는 경우를 말합니다. 따라서 지식을 가진 사람은 상황에 대처하는 수준을 넘어 미리 다양한 상황을 예측하고 대처할 수 있는 일반적인 방법을 고안해 낼 수 있습니다. 이런 지식 수준에 이르려면 무엇이 필요할까요? 당연히 여러 상황을 경험하는 것이 필요하며, 그 상황에서 자신이 알고 있는 정보들을 다양하게 조합하고 재창조하면서 적용시켜 본 경험이 필요합니다. 경험이 풍부해야 이를 종합해서 일반적인 법칙 수준까지 추론할 수 있습니다.

그런데 공부의 끝은 지식이 아닙니다. 보다 넓은 차원에서 지식의 의미를 통찰할 수 있는 수준까지 이르렀을 때 우리는 지혜의 단계에 이르렀다고 합니다. 내가 알고 있는 법칙과 원리가 나의 인생에서 혹은 내가 살고 있는 세상에서 어떤 기여를 하며 어떤 의미를 가지고 있는지까지 생각할 수 있는 경지입니다. 지혜의 경지에 이르면, 겉보기에는 특별히 공부하는 것 같아 보이지 않고 거의 직관적으로 어떤 행동을 하지만 그 결과가 상황에 딱딱 맞아떨어지게 됩니다. 공자가 말한 "마음대로 행동하지만 그게 도리를 벗어나지 않는" 경지가 되는 것입니다.

지혜란 성인군자나 도달할 수 있는 경지처럼 보이고 우리 아이들하고는 전혀 상관없는 것처럼 느껴집니다. 하지만 지혜는 의외로 가까운 곳에 있습니다. 심지어 초등학교, 중학교 학생들 중에서도 지혜를 마주칠 수 있습니다. 우리는 일상생활에서 어떤 방법론이나 엄격한 절차를 거치지 않으면서도 문제 상황에 부딪혔을 때 딱 맞는 해결방안이나 아이디어를 잘 찾아내는 사람을 알고 있습니다. 학생들 중에서도 시험 성적은 두드러지지 않지만 상황 상황을 슬기롭게 풀어가는 아이들이 심심치 않게 보입니다. 이런 학생들은 비록 지식은 많지 않아도 지혜를 가진 학생들입니다.

그렇다면 지혜는 어떻게 얻는 것일까요? 경험과 성찰을 통해 얻습니다. 지식을 적용해 가면서 다양하게 살아야 합니다. 때로 익혀야 합니다. 때로 써먹어 보고, 그 결과를 되새겨 보아야 합니다. 우리가 흔히 '노하우'라고 부르는 것들이 누적되면서 얻게 되는 통찰력, 직관이 바로 지혜입니다. 수많은 실천과 경험을 통해 어떻게 해야 하는지 직관적으로 터득했지만, 그걸 과학적으로 설명하거나 지식으로 정리하기는 어려운 능력들이 바로 지혜입니다. 지식보다 지혜가 더 중요한 분야가 많이 있습니다. 예를 들면 예술 분야가 그렇습니다. 생활 자체도 지혜가 필요합니다. 가정주부가 매순간 지식을 동원해 체계적이고 논리적으로 살림을 하지는 않습니다. 흔히들 생활의 지혜라는 말을 쓰지 않습니까?

이 공부의 네 단계, 자료와 정보는 외부에서 무엇인가가 들어오는 단계이고 지식과 지혜는 들어온 것을 잘 버무려서 다시 외부로 내보내는 단계입니다. 앞에서 말한 배우고 익히는 것입니다. 즉, 공부는 배우는 단계와 배운 것을 잘 다지고 익히는 단계로 이루어져 있으며, 이 중 두 번째 단계가 보다 높은 차원의 배움이라고 할 수 있습니다.

흔히 우리는 공부 그러면 예습과 복습이라는 말을 합니다. 이 중 복습은 익힘의 단계라고 볼 수 있습니다. 하지만 여기에 예습에 해당되는 단계가 있을까요? 없습니다. 군이 있다면 배움의 필요성을 느끼는 과정이 배움 전단계에 필요하니 예습이라고 볼 수 있습니다. 즉, 문제를 인식하고 문제를 정교화해서 무엇을 배울지 판단하는 과정이 바로 예습입니다. 배울 내용을 미리 익혀 가지고 가는 것은 올바른 배움의 방법도 아니며 공부도 아닙니다. 만약 배울 내용을 미리 익힐 수 있다면, 그건 선생 없이 배울 수 있다는 뜻이며, 그렇다면 그 다음 단계는 군이 수업을 들을 것이 아니라 지식과 지혜의 단계로 나아가야 합니다. 사실 예습도 일종의 복습입니다. 예전에 배웠던 것들을 다시 되새기면서 새로 배워야 할 것이 무엇인지 찾는 과정이니까요.

이렇게 우리의 공부는 예습보다 복습이 훨씬 더 중요합니다. 예습은 하지 않아도 배울 수 있고, 일단 배우면 익힐 수 있습니다. 하지만 이미 배운 것을 익히지 않는다면 우리는 결코 공부를 완성할 수 없고, 새로운 공부로 나아갈 수도 없습니다. 물론 여기서 복습은 배운 내용을 이런저런 다양한 문제풀이로 연습하는 게 아닙니다. 지식과 지혜로 나아가는 것입니다. 결국 복습이란 배운 것을 통한 세상 살아가기입니다.

부디 자녀들에게 다양한 복습 기회를 만들어 주시기 바랍니다. 그래서 역량 있는 자녀를 길러 내시기 바랍니다. 단지 부모가 아니라 '학學'에 대해 좀 아는 부모, 학부모라는 이름의 값어치를 빛내 주시기 바랍니다.

함께 가는 교육

학교 선생님들끼리 흔히 하는 말이 학부모는 '불가근불가원不可近不可遠'이라는 말입니다. 멀리해도 안 되지만 가까이 지내기도 어려운 관계. 학부모에게 교사 역시 그렇지 않을까 싶습니다. 학부모와 교사 사이가 이렇게 된 데에는 두 가지 부정적인 역사적 계기가 있습니다. 하나는 너무 부끄러워 차마 입에 담기 어렵지만 촌지와 치맛바람이고, 다른 하나는 이른바 민주진보 정권 10년 동안 도입된 수요자 중심 교육론입니다.

제가 처음 교사가 되었던 1992년만 해도 강남 지역 학교에서는 촌지와 치맛바람이 기승을 부리고 있었습니다. 그래서 양식 있는 교사일수록 학부모와의 만남을 꺼리고, 탐욕스럽고 비양심적인 교사들이 학부모에게 일일이 전화를 걸어 상담을 요청하는 왜곡된 풍

216 >>> 안녕하십니까, 학교입니다

토가 생겼습니다. 악화가 양화를 구축하는 전형적인 사례인 셈입니다. 학부모 역시 의식 있는 학부모일수록 학교 방문을 꺼리고, 돈의 힘을 발휘해 자녀에게 불공정한 혜택을 주고자 하는 학부모만 열심히 학교 일에 참여하는 기막힌 풍토가 만연했습니다.

이런 풍토를 모르고 교장의 독주를 견제하는 수단이라며 탁상에서 만들어진 제도가 학교운영위원회입니다. 법에 따라 학교운영위원회는 교원위원이 과반이 되지 못하도록 규정되어 있는데, 가재는 게 편이라고 생각해서인지 교사보다 학부모의 숫자가 많아야 교장을 견제할 수 있다고 생각한 것 같습니다. 하지만 결과는 정반대로 교장과 치맛바람 학부모가 한편이 되고, 의식 있는 교사들이 소수파로 고립되는 것이었습니다. 결국 의식 있는 교사들마저 번번이 소수의견으로 몰리는 일에 지쳐서 학교운영위원회에 관심을 끊어버렸고, 지금은 단지 옥상옥屋上屋에 불과합니다.

다행히 촌지나 치맛바람은 자취를 감췄지만 학부모와 교사 사이는 여전히 가까워지지 않았습니다. 아니, 더 벌어진 것 같습니다. 그런데 지난 10년간 뿌리내린 수요자 중심 교육은 이렇게 멀어지고 왜곡된 학부모와 교사의 상처받은 관계에 소금을 끼얹은 꼴이 되고 말았습니다.

개인적으로 최악의 교육 워딩이라고 생각하는 이 수요자 중심 교육이라는 구호는 김대중 대통령 시절에 본격적으로 등장했고, 노무

현 대통령 시절에 매우 강하게 정책으로 추진되었습니다. 기존의 갑을 관계를 바꾸는 것이 민주화이고 진보라는 단순한 생각을 교육이라는 복잡계에 적용한 최악의 정책입니다. 그래서 교사를 서비스업 종사자로 학부모를 고객으로 자리매김하게 한 뒤 '손님은 왕' 논리를 적용시켜 버린 것입니다. 여기에 교사는 서비스 업자인 만큼 고객의 만족을 높이기 위해 서로 경쟁해야 한다는 주장도 함께 들어왔습니다. 이때부터 학부모는 교사를 '국민의 혈세'를 받고 많은 혜택을 누리면서도 고객인 학부모의 요구를 즉각 반영하지 않는 무사 안일한 서비스 업자로 취급했고, 교사는 학부모를 알량한 세금 몇 푼 내는 것으로 자신의 의무는 다했다 생각하고 오직 권리만 주장하는 진상고객으로 여겼습니다.

그러나 이제 학부모와 교사의 관계를 치유해야 합니다. 학부모는 교사의 고객도 아니며, 그렇다고 자식 맡긴 죄라고 자조할 정도로 일방적인 을도 아닙니다. 학부모는 교사와 협력해야 할 교육자입니다. 학생은 하루의 반은 학교에서 나머지 반은 집에서 보냅니다. 그 나머지 반도 학교에서 붙잡아 주겠다며, 이걸 마치 교육 서비스처럼 선전하는 사이비 진보교육감도 있습니다만 정상적인 발달을 위해서는 학교와 집에서 골고루 시간을 보내는 것이 중요합니다. 그리고 학생은 학교에서는 교사의, 집에서는 부모의 보살핌과 가르침을 받아야 합니다.

그래서 이 책을 쓰게 되었습니다. 이 책은 저의 다른 책인 『교사가 말하는 교사 교사가 꿈꾸는 교사』에서 이어지는 글입니다. 『교사가 말하는 교사 교사가 꿈꾸는 교사』가 교사들에게 달라지자고 호소한 것이라면, 이 책은 학부모들에게 호소하는 책입니다. 지금까지 왜곡되고 잘못된 학부모와 교사의 관계를 극복하고 교육의 협력자로서 관계를 바로 세우기 위해 교사와 학부모 모두 과거를 반성하고 달라져야 한다는 게 제 생각입니다.

　학부모들을 기분 좋게 하는 이야기, 혹은 유익한 정보는 없습니다. 상처를 아물게 하는 약을 바르면 오히려 쓰라리고 아프듯, 이 책 역시 쓰라리고 아픈 이야기들로 가득합니다. 하지만 그 아픈 이야기는 학부모들에게 드리는 충정에서 비롯된 것이지 결코 증오나 냉소에서 비롯된 것이 아닙니다. 공자께서 말씀하셨듯, 교언영색에는 인仁이 적습니다. 매운 소리, 쓴 약 같은 책을 쓰고 싶었습니다.

2017년 가을
권재원 드림

안녕하십니까, 학교입니다

ⓒ 권재원, 2017

초판 1쇄 발행 2017년 9월 27일
초판 6쇄 발행 2023년 4월 10일
지은이 권재원
펴낸이 김혜선 **펴낸곳** 서유재 **등록** 제2015-000217호
주소 (우)04034 서울 마포구 잔다리로7길 18(서교동 377-20) 504호
전화 070-5135-1866 **팩스** 0505-116-1866 **대표메일** seoyujaebooks@gmail.com
종이 엔페이퍼 **인쇄** 성광인쇄
ISBN 979-11-957648-8-4 03370